40 Questões Para um Papel

Coleção Debates
Dirigida por J. Guinsburg

Equipe de Realização – Tradução: Maria Luizovna Nogaeva Tenório; Edição de Texto: Jenifer Ianof; Revisão: Iracema A. Oliveira; Produção: Ricardo W Neves, Luiz Henrique Soares e Sergio Kon.

jurij alschitz
40 QUESTÕES PARA UM PAPEL

UM MÉTODO PARA A AUTOPREPARAÇÃO DO ATOR

© Jurij Alschitz, 2011

CIP-Brasil. Catalogação-na-Fonte
Sindicato Nacional dos Editores de Livros, RJ

A462q

Alschitz, Jurij
    40 questões para um papel: um método para a autopreparação do ator / Jurij Alschitz; [tradução de Marina Luizovna Nogaeva Tenório]. – São Paulo: Perspectiva, 2012.
    (Debates ; 328)

    Tradução do original em russo
    ISBN 978-85-273-0966-0

    1. Atores. 2. Método (Representação teatral). 3. Representação teatral. 4. Teatro – Técnica. 5. Teatro. I. Título. II. Título: Quarenta questões para um papel : um método para a autopreparação do ator. III. Série.

12-7212.	CDD: 792.02
	CDU: 792.02

04.10.12 18.10.12   039605

[PPD]
Direitos reservados em língua portuguesa à
EDITORA PERSPECTIVA LTDA.

Av. Brigadeiro Luís Antônio, 3025
01401-000 São Paulo SP Brasil
Telefax: (11) 3885-8388
www.editoraperspectiva.com.br

2019

SUMÁRIO

Prefácio
A LIBERDADE DE QUESTIONAR 13

Introdução
NO INÍCIO ERA O CAOS 19

QUESTÕES PARA O PAPEL
1: O Que É a Ideia do Papel? 29
2: Onde Está a Energia do Papel? 32
3: Em Que se Baseia a Tensão do Papel? 33
4: Sobre Qual Fundamento É Construído e Sobre Qual Paisagem É Desenhado o Papel? 39
5: Como É Feita a Rede de Acontecimentos do Papel? 43
6: Quais São os Temas do Papel? 49

7: Quantas Microcenas Há no Papel?..................50
8: O Que Está nos Espaços Vazios do Papel?..........51
9: Sobre o Desejo de Inteireza......................55
10: O Que Significa Respeitar o Trabalho do Dramaturgo?..............................56
11: O Que Significa Respeitar a Si Mesmo?............59
12: O Que o Seu Papel Tem de Único?..................60
13: Como Despir o Papel?.............................61
14: Como Criar o Ornamento do Papel?.................63
15: O Que É o Mito do Papel?.........................66
16: O Que se Investiga no Papel?.....................69
17: Que Tipo de Imagem o Papel Suscita?..............71
18: Como o Dramaturgo Compôs o Papel?................73
19: Como Você Compõe o Papel?........................75
20: Qual É a Lei do Dramaturgo?......................78
21: Qual É a Lei do Ator?............................79
22: Qual É a Estrutura do Papel?.....................80
23: O Que Revelam os Detalhes do Papel?..............82
24: Quais São as Ações Práticas do Papel?............84
25: O Que Não Foi Realizado Pela Personagem?.........85
26: Quando o Papel Fica em Desequilíbrio?............87
27: A Que Se Compara o Papel?........................89
28: Qual É a Música do Papel?........................90
29: Em Que Consiste o Enigma do Papel?...............92
30: Quais São os Erros e as Mentiras do Papel?.......94
31: Quais São os Paradoxos do Papel?.................97
32: Qual É a Relação Com a Plateia?..................99
33: Quais Sistemas de Duplos Existem no Papel?......100
34: Sobre o Gene do Teatro no Papel.................102

35: Onde Está o Centro do Papel?.................... 104
36: Quais São as Idades do Papel?.................... 105
37: O Que Dizem a Vida Física e Emocional
do Papel?.. 106
38: Quais São os Nomes da Personagem?.......... 107
39: Uma Questão de Humor............................. 108
40: Em Que Consiste a Beleza do Papel?........... 109

Epílogo
ALGUNS CONSELHOS E CONSIDERAÇÕES
SOBRE O MÉTODO.. 113

Para a minha mulher, Irina

Prefácio
A LIBERDADE DE QUESTIONAR

O método de trabalho que vocês vão conhecer agora pode também ser chamado de "Questões Socráticas ao Papel". O que é uma pergunta socrática? Platão chamava essa habilidade do seu mestre de "maiêutica", o que na tradução do grego significa "a arte da parteira". Pergunta socrática é o cruzamento de diversos fluxos de pensamento que nos movem em direção à verdade. Foi o amor pelos diálogos de Platão e o estudo da arte de Sócrates – um homem que sabia perguntar – que me levaram a utilizar esse método no teatro. A pergunta como instrumento de estudo individual do papel, como método de ensaio e pedagogia é único e, ao que me parece, muito promissor nos dias de hoje, apesar de muitos pensadores do passado sempre terem tido a consciência de quão importante é o papel da pergunta. O enorme potencial contido na capacidade de se fazer uma pergunta sempre foi mais valorizado que a própria resposta. Todos conhecem os princípios da dialética – a arte do conhecimento da verdade através de um hábil questionamento e da obtenção de resposta para ele. A solução de um problema científico em qualquer área começa quase sempre pela formulação de uma pergunta, e o processo de pesquisa é predominantemente um questionamento. É a mesma coisa também no teatro, porque a análise do papel nada mais é que um processo de conhecimento, o que significa que o ator também deve aprender a arte de perguntar.

Fazer a pergunta apropriada não é fácil. Não basta simplesmente não saber. Não se pode perguntar sobre o nada – é preciso saber algo. Em uma questão não existe uma clara divisão entre o conhecimento e a ignorância; esses limites são vagos, mais que isso: uma coisa faz parte da outra. Ou, como diziam os antigos: o conhecimento daquilo que não sabemos já é o conhecimento sobre esse desconhecido. O conhecimento contido na pergunta já serve de base para ir adiante. Deve haver uma lógica especial por trás da questão e da própria habilidade de perguntar a lógica das relações entre a pergunta a resposta. Fiquei convencido como diretor e pedagogo de que para o estudo profissional do papel faz muito mais sentido colocar questões concretas do que fazer uma simples análise informativa e que muitas vezes oferece apenas o resultado final. Não é segredo que muitos diretores e pedagogos oferecem como saída centenas de respostas, indicando não apenas o quê, como, quando e por qual motivo aconteceu, mas também como isso deve ser compreendido. O diretor dá sugestões ao ator sobre como interpretar esse ou aquele papel, sem parar para pensar que o ator ainda não concebeu questões para o papel. Essas respostas, feitas previamente, caem num solo não preparado e por isso não dão frutos.

Baseado em minha experiência, posso dizer com certeza que esse caminho tem muito pouca participação do ator na análise do papel. Porém, se for usada outra tática de ensaios, em que o diretor coloca questões e o ator busca respostas, a qualidade da análise aumentará rapidamente.

Isso já não é mais uma análise monológica, e sim dialógica. O verdadeiro diálogo não é apenas fazer uma pergunta e dar uma resposta; ele é, antes de tudo, um caminhar coletivo em direção ao conhecimento. Nessa análise socrática do papel, o diretor coloca questões não tanto para revelar a sua opinião, quanto para incitar de todas as formas o ator a uma busca coletiva. Nesse caso, o ator se envolve na busca, particulariza a pergunta do diretor por meio das próprias questões e, ao mesmo tempo, afia o ouvido: será que nelas já não ressoa a resposta procurada? Se a pergunta do diretor é feita de forma apropriada, o ator, ao tentar encontrar a resposta, já não busca uma única possibilidade desta, mas tenta alargar o território da resposta, transformando-a em tema. É por isso que nesse método a tarefa do diretor consiste em não ter pressa de fechar uma questão. Ele precisa manter aceso o fogo da curiosidade e acrescentar novas questões, a fim de abrir o caminho para a energia viva do conhecimento. Dessa maneira, o ator e o diretor se aproximam em diálogo do território das respostas. Buscam juntos não uma resposta, mas a soma delas.

Nos últimos anos, eu modifiquei esse método de trabalho ao pensar que a qualidade dele será maior quando o ator formular questões por si mesmo e encontrar sozinho as respostas para elas. Hoje eu anseio que o ator tenha suas próprias questões para o papel. Somente depois se deve começar a buscar as respostas. Isso também é uma análise dialógica, mas já é um diálogo interior, exigindo do ator uma solução que seja própria e livre. Aquilo que você descobriu por si mesmo sempre será seu! Isso é importante.

Vou tentar explicar outros motivos que me levaram a mudar o método. Existe a expressão: "Liberdade é o direito de perguntar". Na minha opinião, qualquer método de trabalho sobre o papel deve, antes de tudo, preservar a liberdade do ator. Quando se fala sobre a liberdade do ator, na maioria das vezes, subentende-se o processo de realização em cena, porém na prática teatral contemporânea não é menos importante a liberdade do ator de perceber.

O que é isso? Essencialmente é a capacidade do ator de ver, ouvir, sentir livremente o material do papel, sem qualquer influência emocional, intelectual ou outra vinda de fora e, como expressão máxima de liberdade, se abrir confiante ao universo do papel. Mas os próprios órgãos sensoriais do ator já não lhe garantem essa liberdade? Na verdade, não. A percepção é um trabalho da alma do ator, não dos seus órgãos sensoriais. E a alma se abre apenas quando a liberdade chega. Por isso, ela é tão importante. Por mais interessante que seja o trabalho com o diretor, a percepção imediata do ator se dissipa rapidamente e se transforma numa percepção indireta, condicionada, ou seja, dependente e não livre. A percepção passiva, do meu ponto de vista, é a principal doença do ator contemporâneo. Por isso, nos últimos anos, eu dou atenção sobretudo ao trabalho individual do ator, pensando que apenas dessa forma é possível fazê-lo voltar a uma posição viva, ativa.

A arte de perguntar é uma qualidade rara mas imprescindível do ator contemporâneo. Ela exige a reconstrução de muitos dos seus princípios tradicionais de trabalho. Na posição de indagador, o ator não apenas joga com o papel, vivencia-o ou o apresenta ao espectador, ele o interroga, investiga-o. Ao perguntar, o ator se abre ao papel que desconhece, prepara-se para o encontro, para a interação com ele. Estou seguro de que assim como o ator se move em direção ao papel, também este se move em sua direção. Ambos estão de igual para igual, assim como estão de igual para igual aquele que "pergunta" e aquele que "responde". Tenho certeza de que o papel também sonda o ator, o nível de sua cultura, do seu pensamento, porque com a pergunta o ator demarca onde, em que ponto do desconhecimento ele se encontra. É por isso que o espectador sempre aprecia mais o ator pensante, que faz em cena questões interessantes, e não aquele que simplesmente repete as mesmas respostas já prontas. É sempre visível se a pergunta contém uma energia potente, que demonstra um interesse pessoal do ator e o desejo de esclarecer o que ele não sabe, ou se estamos apenas diante de uma comunicação formal. Se o ator começar a ter questões para o papel, ele não poderá mais tratá-lo de forma distanciada, sem um envolvimento pessoal. O papel aparecerá diante do ator como um imenso universo não dominado, exigindo dele um conhecimento ativo. As questões do papel que forem recebidas como próprias, pessoais, permitem ao ator correlacionar o seu mundo com o mundo do papel, comparar diversas lógicas, fazer a escolha entre uma vida e outra. Essa posição põe o ator em pé de igualdade com o papel. Graças a ela, ao conhecer o papel, o ator, antes de tudo, conhece a si mesmo.

Quando o ator começar a ter questões, o trabalho imediatamente fluirá de uma forma leve e interessante. Ao se fazer uma pergunta, o mais importante é sentir o movimento para frente. Em grande medida, isso é alcançado com uma montagem livre de questões. É necessário levar em conta que, se a energia da pergunta se esgota, é preciso fazer a questão seguinte e não ficar preso no mesmo ponto. Toda nova junção de questões produz a centelha da verdade. É exatamente graças à montagem das questões que a essência interior, latente do papel, pode revelar-se. As maneiras de montagem podem ser muito distintas – bruscas, contrastantes, suaves, podem continuar a pergunta anterior ou gerar a seguinte. Experimente e você verá como essa tarefa é interessante e criativa.

Quarenta questões não bastam. Na verdade, pode haver uma infinitude delas. Procurei indicar apenas o princípio básico de análise. Todas as questões no método sugerido são aproximadas. Elas devem conduzir o ator às questões que lhe são próprias. Claro, não são quaisquer questões, mas as eternas, as universais, as não resolvidas que o ajudarão a descobrir em si uma nova qualidade – a de investigador –, a acreditar em si, na própria sabedoria. Isso é importante. Lembre-se que Sócrates foi declarado pelo oráculo de Delfos como "o mais sábio dos homens" (isso é relatado por Platão na *Apologia de Sócrates*). Mas ele mesmo estava convencido de que "nada sabe" e, para justificar o título de honra, começou a perguntar às outras pessoas consideradas sábias. Assim, Sócrates chegou à conclusão de que a própria convicção da ignorância o torna sábio, já que os outros nem isso sabem.

Teste as suas habilidades! Arrisque-se e você descobrirá o surpreendente universo do papel, cheio de mistérios e enigmas. Mas o mais importante é que você descobrirá o seu próprio universo, onde foram acumuladas, estou certo disso, milhares de questões. As respostas chegarão. Algumas imediatamente, no primeiro segundo. Outras, você talvez tenha que esperar durante a vida inteira.

Introdução
NO INÍCIO ERA O CAOS

A base de todas as minhas aulas é o amor à ordem. Eu diria até paixão pela ordem. Fui feito e criado assim. E, no entanto, amo loucamente o caos. Tenho a necessidade de começar justamente por ele para sentir o encanto da ordem. No início nada é claro, depois tudo se desvela e fica claro por um instante – como se tivéssemos aberto os olhos. Depois tudo se cobre e de novo não vemos nada. Lembra uma brincadeira de criança.

A análise também é um jogo, e não um trabalho chato, como muitas vezes pensam os atores e por isso não gostam dela. Sei disso. Talvez ela lhes pareça demasiado complexa, algo de que são capazes apenas os diretores – intelectuais. Mas, na verdade, suas regras são simples – no caos absoluto, é preciso encontrar a Beleza. Só isso.

Dizem que caos é para pessoas geniais; para as normais é preciso pôr tudo em ordem e mostrar, para que vejam;

para os tolos é preciso mostrar e explicar, já para os idiotas – mostrar, explicar e depois ainda repetir. Tudo isso é conversa furada. Na verdade, não é tão simples separar uma coisa da outra – a genialidade da burrice; a ordem do caos. Eles coexistem e não só são difíceis de separar, como também de certa forma se complementam. Parece-me que é preciso lidar assim também com a análise do papel – nem tudo nele pode ser desmontado e nem tudo pode ser montado, e às vezes nem é necessário fazê-lo. É preciso apenas brincar com isso. É necessário fazer questões.

Muitos atores acham que analisar o papel significa explicar para si mesmo o comportamento da personagem na situação proposta, descobrir as causas de suas ações, compreender a lógica das relações entre as pessoas, encontrar a organicidade dos seus sentimentos, e assim por diante. Ou seja, tal análise se resume ao exame dos fundamentos da vida psíquica do ser humano e ponto final. Evidentemente isso não basta. Digo até mais: é perigoso. Perigoso porque a análise psicológica do papel torna-se para os atores uma doença disseminada em escala mundial. Hoje até nas tragédias gregas os atores tentam representar os sofrimentos psicológicos dos heróis, como se não vissem no papel nada além da psicologia do ser humano. Lembro como atores moçambicanos, sob a direção de um sueco, fizeram *O Sonho* de August Strindberg no estilo do teatro psicológico – nunca vi nada mais engraçado, mas eles estavam pensando que isso era o sistema de Stanislávski. Pobre Konstantin Serguéievich, se ele visse isso! Justo ele, que nas suas últimas aulas advertia que o uso apenas da análise psicológica reduz demais as possibilidades do ator de conhecer o papel. Mas no final da sua vida, quem prestava atenção nesses conselhos? As bactérias do "psicologismo" já tinham se espalhado pelos teatros. E, em pouco tempo, esse fenômeno ganhou dimensões de uma verdadeira epidemia. Por isso digo que ele é perigoso. Acho muito importante nos determos com mais detalhes nesse problema antes de passar às questões que proponho para a análise.

Ao longo da sua história o Teatro se desenvolveu basicamente em duas direções. Na primeira, explorando o universo espiritual, na segunda – o mundo material, onde se examinava a vida prática do ser humano. Aos poucos, tal Teatro tornou-se dominante. Desenvolvendo-se nessa direção, ele aperfeiçoou-se no conhecimento do comportamento humano em diversas circunstâncias da vida. Mas as situações, mesmo tendo milhares de variantes, se repetiam e, por fim, ficaram resumidas, como se diz, a vinte enredos básicos. Começaram as repetições, modificações de enredos há muito conhecidos, determinados esquemas situacionais passaram a ser elaborados. Com o advento do naturalismo e do realismo no século XIX, o teatro voltou-se ao ser humano como o seu objeto principal. Com a justificativa de que pessoas se comportam de forma distinta em situações idênticas e que cada um de nós tem sentimentos e emoções únicas, começaram-se a explorar no teatro a psicologia do ser humano, os variados motivos de seu comportamento e a riqueza da sua personalidade.

Durante muito tempo, o pensamento sobre a singularidade do ser humano deleitou a consciência do ator, e o inspirou a criar, em cena, numerosos tipos humanos e relações entre eles. O teatro deu um determinado passo no seu desenvolvimento e isso lhe trouxe um sucesso considerável. É verdade que, às vezes, vinha uma desconfiança de que, no final das contas, as diferenças entre as pessoas são pífias. Mas aceitar tal humilhante conclusão significava reconhecer que estamos ocupados em estudar essas ninharias em cena. Por não querer concordar com isso, continuávamos, como nos parecia, a adentrar cada vez mais fundo os mistérios da psicologia humana, enquanto na verdade acumulávamos cada vez mais clichês de atuação. Os atores pareciam ter esquecido o teatro de Eurípides ou de Shakespeare, esquecido que além do caráter humano existe algo maior que organiza o destino do indivíduo e as suas aspirações espirituais, algo não ligado às particularidades de seu caráter, mas antes à missão que lhe foi imposta ou que ele escolheu na vida.

A verdade psicológica dos indivíduos e das suas relações mútuas tornou-se o único critério na arte teatral. Todos buscavam em cena uma única coisa– "a verdade da vida". Mas, encobrindo-se com tal "verdade", o teatro criava apenas a ilusão da verdade e nada mais. Em cena, mostrava-se com êxtase ao espectador

> como as pessoas comem, bebem, amam, andam, usam os seus paletós; quando de quadros e frases banais tentam extrair uma moral – uma moral pequena, de fácil compreensão, útil no dia a dia; quando em mil variações me oferecem a mesma coisa, a mesma coisa, a mesma coisa...[1].

Nessas palavras de Konstantin Treplev soa pela primeira vez o alerta sobre o domínio em cena dos princípios de "utilidade" do teatro, de sua compreensão fácil, da sua imitação e, consequentemente, sua dependência do dia a dia. A investigação da vida psíquica interior era substituída pela sua representação exterior e isso era feito de maneira bastante "vivaz". Há mais de cem anos o autor de *A Gaivota* deu o alarme ao notar que, nesse pensamento unilateral, o teatro aos poucos perdia a capacidade de ascender. Ele se repete, fica parado ou, na melhor hipótese, gira no mesmo lugar. A jovem e ainda pura atriz Nina Zarétchnaia se recusa a fazer o seu papel sem um fundamento psicológico e exige uma personagem "viva". Na mesma peça, Anton Tchékhov, através das palavras de Dorn, propõe outro caminho – que "retrate apenas o importante e o eterno", a arte deve visar ao território do sonho e das ideias superiores. É ali, no território do espírito, que realmente se formam tanto o próprio ser humano como as suas relações. Mas poucos deram ouvidos a esse conselho.

Passaram-se cem anos. Konstantin Treplev se matou. Tchékhov morreu. O que mudou no nosso olhar sobre o teatro? A maioria esmagadora dos atores continua a construir o papel apenas sobre a base da vida psicológica da sua

1. Tchékhov, *A Gaivota*.

personagem, apenas sobre o fundamento do conflito e do acontecimento psicológicos. Não quero dizer que isso seja incorreto, mas é insuficiente tanto para o papel do ator, como para o papel do teatro. Aquilo que guardamos e compreendemos na vida como nossa bagagem pessoal é perfeito apenas para a própria vida, mas não é adequado para o teatro.

Tal análise unilateral do papel leva o ator a um pensamento cotidiano banal, ao exame em cena, por assim dizer, de confusões e "barracos". Isso limita o seu potencial artístico, estreita o campo de criação, transforma a atuação em clichê e leva à piora da técnica. Explico o porquê...

Com esse olhar limitado sobre o papel, os atores e diretores extraem o material psicológico da própria experiência de vida. Mas por maior que seja essa experiência, é difícil chamá-la de conhecimento da psicologia humana. A psicologia é uma esfera extremamente complexa da nossa existência, que apenas parece ser acessível a todos. E nela todos se consideram profissionais. Na realidade, isso é um agradável autoengano. Os processos profundos da vida submetem-se à nossa razão e às nossas decisões voluntárias apenas num grau ínfimo. Aqui existem mais mistérios que respostas. Decisões psicológicas complexas são tomadas sob a ação de processos intuitivos da vida subconsciente. Surge um paradoxo: os atores usam, sem qualquer cerimônia, essas categorias em cena, enquanto os cientistas afirmam que as pesquisas em psicologia estão apenas no início. Daí resulta que os atores utilizam no teatro somente a camada superficial das motivações psicológicas mais simples tiradas da vida cotidiana. Eles extraem daí a energia para a criação do papel. Mas para a cena, para o teatro, para a arte, isso é pouco. O cotidiano, devido à sua inconstância, não possui energia suficiente, até porque ele mesmo precisa dessa energia.

A análise do papel com frequência se baseia na habilidade de observação do ator e na sua capacidade de, em cena, copiar de forma verossímil uma situação cotidiana e uma personalidade humana. Aos poucos, a vida cotidiana tornou-se o principal material para a criação do ator. A naturalidade da vida, tão almejada pela maioria dos atores, apenas torna rasteiros os seus sentimentos e pensamentos, diminui a energia da atuação e nunca os elevará até o nível de uma verdadeira criação artística, porque esta se nutre, sobretudo, de ideias e imagens. Jamais será possível criar algo elevado nutrindo-se apenas do cotidiano. Será que o papel do teatro se resume a enterrar-se na discussão sobre quem ama quem e quem não ama? Tudo bem, esclarecemos quem é o amigo e quem o adversário, e depois? De todo modo, como disse Oscar Wilde: "mais cedo ou mais tarde nos depararemos com esse horrível fenômeno universal chamado natureza humana". Existe, afinal, algo mais importante, que realmente move a vida propriamente dita, que a modifica, algo que determina a nossa participação nela e na sua compreensão. Não seria isso um objetivo mais nobre na análise do papel? É evidente que o investigar apenas as relações psicológicas dos indivíduos não basta para compreender o quadro geral do mundo em que vive o ser humano. Será que a dramaturgia de Sófocles, Tchékhov, Shakespeare, Beckett é construída sobre a "psicologia"? No entanto, a maioria dos atores e diretores, ao analisar papéis e peças, continua a repicar universos filosóficos dos grandes dramaturgos com a tesoura do teatro psicológico.

Hoje, ao trabalhar sobre o papel, o ator não tem o direito de se limitar apenas à análise da vida psicológica da personagem. O pensamento teatral contemporâneo exige que a análise siga em diferentes direções – "verticais", "horizontais" –, parta de distintas posições, baseadas em diferentes ciências e religiões. Apenas assim, a atuação do ator ficará verdadeiramente diversificada e rica em nuances, como num grande romance, no qual tudo vive separadamente, mas fervilha junto e, por isso, é uma coisa só. Tudo deve ser usado simultaneamente na atuação – tanto a psicologia, como a filosofia, a fisiologia, a estética, a biologia, a física, a religião, a ética etc. Quanto mais direções o ator usar na análise do papel, mais polifônico será o seu papel em cena. Graças a toda essa carga ele não ficará se perguntando de onde tirar a energia para atuação. Se num dado momento uma das linhas da análise não funcionar, outra funcionará. O ator não se move sobre um único fiozinho do papel, com a perda do qual ele caia no vazio, mas sim sobre toda uma rede de diversas análises, que lhe garantem amplas possibilidades de construir a sua atuação em cena. As regras de análise propostas adiante diferem muito entre si; elas oferecem a você diferentes investigações, que podem se complementar ou se contradizer, levá-lo a resultados opostos. Isso é normal. Não é preciso ter medo – isso é um jogo. Digo até mais – se você é um ator, então deve saber o que é a alegria das vitórias e das derrotas na atuação. Se você sabe o que é isso, com certeza, vai passar a gostar da análise.

Eu gosto de brincar com bola. Por isso, a ordem de exposição destas regras de análise não tem nenhuma relação com o grau de sua importância. Cada regra é um certo ponto na superfície da bola. Prefiro assim. No jogo, todas as regras são importantes, mas a mais importante é a necessária neste exato momento. Penso que mais cedo ou mais tarde todas lhe serão úteis. O principal é brincar com essa bola, girá-la. A quantidade dessas regras aumenta a cada ano de minhas experimentações, no teatro e na pedagogia. Isso me causa alegria, não tristeza. Acredito que você também pode completar e continuar a lista. Quem a começou foi um dos meus professores, que numa aula nos deu doze ou catorze regras de análise, chamou-as de "axiomas", não explicou nada em detalhes e foi embora. Esse pedagogo era bom; ele acreditava na inteligência de seus alunos, confiava a eles os seus conhecimentos. Seu nome era Mikhail Mikháilovich Butkévich. Ele morreu. Continuo com gratidão aquilo que ele começou.

Eu chamei essas regras de análise de "Questões Para o Papel". Se você tiver uma pergunta, terá então a energia para investigar. Quando nasce uma pergunta, significa que em algum lugar nasceu e vive a resposta. Talvez você nunca a encontre. Mas o principal é procurar, porque isso é a análise.

QUESTÕES PARA O PAPEL

Questão 1:
O Que É a Ideia do Papel?

"Como você entende a ideia principal da obra?"
"O que essa ideia exprime?"
"Qual a relação dessa ideia com o dia de hoje, com o passado, o futuro, com você pessoalmente e com todas as pessoas – jovens e velhas, negras, brancas, amarelas?"

Conhecemos essas questões desde o banco escolar. Ensinaram-me a buscar a compreensão das ideias da obra da seguinte maneira: "ao analisar a peça, é preciso encontrar em tudo o problema mais pungente de hoje". Isso é questionável. O que chamamos de "problema de hoje" é pungente apenas hoje e não possui um grande potencial energético, por isso não pode contar com uma vida longa e, consequentemente, ambicionar o status de obra de arte.

Mas, antes de começar a discutir, é preciso entender o que é uma ideia. Com frequência, atores e diretores chamam sua própria concepção de ideia do papel ou do espetáculo. Outros tentam escrupulosamente buscar a ideia do dramaturgo. *Mas é preciso buscar não a ideia do autor e de sua peça, não a nossa própria ideia, e sim a ideia por si mesma. O que isso significa?*

O ponto é que as ideias, ou o campo de ideias, existem fora do dramaturgo, fora de sua peça e fora de nós. Elas não pertencem a uma determinada nação, a uma determinada época ou a um determinado acontecimento – elas existem desde sempre. O tempo, a situação, o desenvolvimento do pensamento filosófico e estético, de toda a cultura e civilização "marcam" a hora em que a ideia virá ao novo Ésquilo, Shakespeare ou Tchékhov. O paradoxo consiste no fato de que estamos o tempo todo em busca de uma nova ideia, enquanto na realidade é ela que sempre nos procura, escolhendo alguém digno.

A sua energia – e ela tem uma energia fabulosa – atinge o dramaturgo e graças a isso ele começa a criar a própria obra. Através da peça, ele dá corpo à ideia – por meio de uma determinada história, um determinado tema, conflito, determinadas personagens, texto etc. Ao ler a peça, o diretor antes de tudo se apaixona pela ideia que ela contém. É a ideia que ele exprime no seu espetáculo através da análise da peça, do jogo de cena, da sucessão dos acontecimentos, do estilo, da música etc. – em outras palavras, através de todas as possibilidades ao seu alcance, mas sobretudo através do ator. O ator se nutre da mesma ideia e a materializa com sua atuação, seu sentimento, movimento e assim por diante. Através do ator, ela se lança em direção ao público. Pois assim, conforme essa corrente metafórica, belamente descrita por Platão em seu diálogo *Íon*, o ator precisa primeiro se voltar à ideia, que estava na base do impulso que criou a corrente. Ir, por assim dizer, beber a energia da fonte original.

Em qualquer corrente acontece uma deformação do impulso original. Quanto mais longa a corrente é, maior é esse coeficiente de deformação. Quanto mais "puro" e "transparente" é o transmissor, mais o resultado final se parece com o que estava na origem. Por isso, para não deformar a ideia principal, cada um dos participantes da corrente deve constantemente comparar os seus pensamentos e fantasias com essa ideia, a partir da qual tudo começou.

Pode um papel ou um espetáculo ser construído sobre várias ideias principais? Sim, sem dúvida. Tal papel ou espetáculo, construído sobre a multipolaridade de ideias, é muito mais difícil de ser realizado, mas esse modelo, do meu ponto de vista, é muito mais vivo e belo.

Assim como a ideia do mar pode ser expressa numa gota, a da floresta numa única folha, também a ideia do papel se expressa em tudo – em detalhe grande e pequeno, no extenso monólogo e na menor réplica, na pausa e no texto, no movimento e na imobilidade. É um universo inteiro construído e subordinado a uma única coisa – à ideia. Ela é a principal diretriz na análise da peça e do papel. É a fonte mais importante de energia para as fantasias, reflexões, para os ensaios do ator e diretor, seja durante a preparação do espetáculo, seja no processo de sua realização. Para manter o espetáculo ou papel verdadeiramente vivos, por um longo período de tempo, é preciso antes de mais nada cuidar da vitalidade da ideia principal.

É preciso distinguir ideias de hoje e ideias eternas. São energias distintas, diferentes distâncias, diferentes vidas do papel e do espetáculo. A ideia de hoje pode ser brilhante e pungente, mas amanhã ela perderá a sua atualidade e morrerá. É importante descobrir tal ideia, que não vai morrer nunca e viverá independente da época, do regime social e do estado de espírito das pessoas. Não vale a pena ter pressa e chamar de ideia o primeiro pensamento original que o surpreendeu no papel. Isso é igual a chamar de amor o primeiro envolvimento amoroso. Logo você irá notar como se esvai a primeira "concepção" do papel, como parecerá vazio tudo que foi analisado e imaginado por você. Isso é normal. Durante o processo de trabalho sobre o espetáculo, a compreensão do que é a ideia cresce, muda em alguns aspectos, se concretiza, se desenvolve, como tudo o que *é* vivo.

Somente o trabalho prático pode ajudar você a nomear a ideia com precisão. Mas apenas nomeá-la e compreendê-la não é suficiente para o ator. É preciso sentir a sua chama, inflamar-se com ela, inflamar os parceiros, materializá-la na ação cênica e transmiti-la ao público.

A ideia pode atingir o ator não apenas durante o período da criação do papel. Ele pode descobrir para si uma ideia que preencherá de sentido toda a sua vida, toda a sua criação. A potência da energia dessa ideia não se esgota com o final do trabalho, ela até aumenta e serão necessários novas peças e novos papéis para lhe dar corpo. Se o ator compreender a ideia do papel como a principal fonte de energia deste, descobrirá para si um maravilhoso e infinito manancial de criação.

Voltaremos diversas vezes a falar sobre ela, o que será mais uma prova de sua importância como principal diretriz da análise, como principal fonte de energia para a exploração do texto.

Questão 2:
Onde Está a Energia do Papel?

Na análise, é preciso buscar antes de tudo a fonte de energia – energia do papel, da cena, do espetáculo, e não simplesmente compreender o sentido daquilo que está escrito. Abaixo vocês verão que quase toda pergunta ou regra está diretamente ligada ao problema da busca da energia do papel, porque isso é a base da vida do papel. Encontrar a lógica, definir os sentimentos, construir a série de ações, reconhecer o sentido do que foi dito e feito significa fazer muito, mas não o suficiente. Buscar aquilo que gera energia – essa é a função principal da análise. Sem dúvida, a análise é fundamental para a clareza da intriga, da composição dos temas e imagens, para a compreensão da estrutura do texto, do estilo etc., mas antes de tudo ela é necessária para encontrar a energia do papel.

Transformar a análise num gerador forte e potente de energia é possível sobretudo mudando a maneira de pensar. Durante o processo de trabalho, procure na medida do possível recusar abordagens puramente lógicas e lineares, justificação dos acontecimentos, "organicidade" dos sentimentos, comportamento programado. Tudo isso é importante, mas dê um passo à frente para abrir todas as fontes de energia: analise o papel de forma diversificada, vasta, paradoxal, despertando em si sentimentos e pensamentos opostos, fazendo-os colidir numa contradição insolúvel, aí então surgirá a energia.

É preciso compreender que a energia aparece quando há uma "bateria". Deve haver "mais e menos", "frio e quente", "poesia e prosa", "alto e baixo", "trágico e alegre", "rude e refinado", "sensual e intelectual" e assim por diante. Ao analisar o papel de diversas maneiras, passe bruscamente dos resultados de uma análise aos de outra, isso dará uma energia ainda maior. Pode-se analisar uma mesma cena seguindo diferentes escolas teatrais e direções. Isso também trará energia a vocês. Está vendo? Tudo é muito simples.

Se você examinar o papel a partir de diferentes pontos de vista, trocando as linhas de análise e cuidando para que o "princípio da bateria" seja preservado, a energia aumentará, passando constantemente de uma forma de existência à outra. Essa regra é fundamental, com ela todas as fontes de energia do papel se abrem.

Questão 3:
Em Que se Baseia a Tensão do Papel?

Aquilo sobre o que falarei agora é normalmente chamado de "conflito" no teatro. Eu chamo isso de "tensão". Parece-me que esta definição abre mais possibilidades para compreender como construir o papel e a cena. É melhor deixar esse ponto claro desde o início, para que depois não surjam dúvidas, porque uso ora uma palavra ora outra. No fundo, falo sobre a mesma coisa.

Antes de mais nada, voltemos à Escola! O fato é que é impossível descobrir algo novo sem Ela. É preciso conhecer as regras para depois quebrá-las. A Escola diz: "Conflito é o fundamento dos fundamentos da arte dramática. Assim, a análise da ação teatral é o estudo de como surgem e se resolvem os conflitos". Soa claro e preciso. Mas isso ainda não é tudo: *dominar a profissão é saber como construir em cena um conflito através da ação. Ele é o fato da existência da oposição de interesses, opiniões, convicções. O ator encontra-o quando constata esse fato. O conflito se concretiza na luta e a luta se concretiza na ação. Qualquer conflito não pode permanecer imutável, ele exige solução. O conflito cresce constantemente; surge uma luta que culmina num acontecimento, depois do qual o conflito se resolve. A peça, o espetáculo, o papel existem, vivem e se desenvolvem em primeiro lugar graças ao conflito* – foi assim que me ensinaram os meus mestres. *Sempre e em todo lugar procure a colisão, o conflito, a luta* – diziam eles. Em tudo... Ensinavam bem. Com eles, aprendi a definir o conflito, a intensificá-lo, a desdobrá-lo ao máximo, levá-lo até a explosão, tornando impossível a continuação da sua existência. Em outras palavras, a conduzi-lo até o acontecimento dramático. Essas são em resumo as principais regras da Escola.

Mas com o passar dos anos, ao ampliar um pouco os meus conhecimentos sobre o teatro, compreendi que nem todo teatro se caracteriza pelo "conflito". Existem também outras escolas. Essa categoria, tal como a entendemos no teatro ocidental, não é típica, por exemplo, nas tradições do teatro oriental. Por isso, hoje, quando cada vez mais são borradas as fronteiras do teatro, não recomendaria aos atores serem dogmáticos na compreensão da natureza do conflito e das leis de sua construção. O conflito pode ser permanentemente estático. Ele pode não se resolver e não desaparecer. A cena até pode ser construída sem qualquer conflito. Mas, nesse caso, é preciso compreender e organizar a vida em cena de uma forma muito diferente daquela à qual estamos acostumamos. E é precisamente nesses casos que se faz necessário buscar a "tensão". Isso é um fenômeno similar, e, no entanto, já é outro mundo, outra filosofia, outro teatro. A noção de "tensão" amplia as nossas possibilidades de enxergar e construir a cena usando relações invisíveis, nuances imperceptíveis, como que em nível molecular. Pode-se dizer que a cena não é construída, e sim que se realiza por si mesma, segundo a lei da harmonia dinâmica, própria da natureza. Aparentemente, tudo é distribuído e vive em harmonia, entretanto a tensão existe. É exatamente graças a essa tensão que a vida adquire uma imensidão de sentido e amplitude nas ações. Em virtude disso, surgem em nós sentimentos difusos, fluidos e, consequentemente, muitas possibilidades de leitura. Aprender a ler a tensão da cena significa aprender a ler a tensão entre o rio e o campo, entre a neve e os trilhos da estrada de ferro.

Deparei-me pela primeira vez com essa questão no início da minha carreira de diretor. É que desde os tempos de Stálin afirmava-se que, como na nossa sociedade socialista não há classes antagonistas nem conflitos, eles tampouco deveriam existir na dramaturgia contemporânea. Propunha-se entender o conflito nos espetáculos sobre a vida das pessoas na União Soviética, como uma luta entre o "bom" e o "melhor". Uma harmonia de felicidade em vez de um conflito! Uma tese – se partimos da doutrina de Aristóteles – impossível para a dramaturgia, e, no entanto, espetáculos continuavam a ser feitos e eram até muito bons. Apenas com o passar dos anos, compreendi que aquela geração e também a geração seguinte dos diretores soviéticos foram obrigadas a aprender a criar tensão polar para a cena e o papel com a total harmonia de todas as suas partes. Pensei então que a ditadura comunista fez uma descoberta muito importante para o teatro contemporâneo, segundo a qual o conflito no teatro não é luta, mas antes uma tensão harmoniosa.

Numa cena dramática, a noção de conflito é mais concreta e definida que a de tensão. O conflito, como se diz, é "palpável". Mas, mesmo nesse termo, que os atores aparentemente já conhecem e do qual estão cansados, muito ainda precisa ser estudado e utilizado na análise do papel. Assim, o conflito no drama clássico pode ser definido como conflito entre duas personagens ou dois grupos de pessoas ou duas visões de mundo. Mas, ao analisá-lo como antagonismo de religiões, civilizações, gerações, estados ou simplesmente de homens, antes de tudo, é preciso enxergar aí o conflito de ideias. Quanto maior forem a distância e a escala usadas pelo ator na análise do conflito, tanto melhor para a sua atuação, para a sua energia. Em caso contrário, corre-se o risco de ficar atolado em pequenos conflitinhos.

Pode-se dizer que o conflito não existe apenas dentro do drama, ele sempre está disseminado fora dos limites da peça e do espetáculo.

Há apenas um jeito de descobrir os indícios de todo tipo de conflito – analisando o papel em diferentes esferas, buscando o conflito ideológico, filosófico, psicológico, estético, fisiológico, artístico, nacional, etário, sexual, político, conflito de sentimentos, de palavras e mais uma centena de outros. Em outras palavras, se o papel for analisado a partir de diversas posições, o conflito se tornará multidimensional e amplo.

O melhor é fazer a análise do conflito do seu papel de tal modo que seja impossível exprimi-lo numa única frase, numa definição curta como uma fórmula. Essa descoberta, à qual cheguei com os anos, contradiz em absoluto aquilo que me ensinaram. A definição do conflito deve ser tão complexa e emaranhada que o aparelho psicofísico do ator não saiba mais o que fazer, como atuar, como realizar isso em cena. Enquanto para o "Eu" artístico do ator tudo deve ser, ao contrário, extremamente claro e preciso. Sobre isso se constrói a dialética da ligação entre a teoria e a prática, a análise e a realização.

Quando proponho fazer a análise da essência do conflito assim, em muitas camadas, os atores normalmente ficam nervosos e protestam. Eles querem saber tudo com precisão. E quanto antes melhor. Parece-lhes muito importante visualizar com clareza a direção principal da ação e da luta. Parece-lhes imprescindível delinear nitidamente o conflito. Parece-lhes que aí está a garantia de uma atuação confiante. Mas isso é um erro. Porque a clareza e a precisão do conflito matam o improviso da busca viva, diminuem a energia da criação, transformam a atuação dos atores numa série de simples ações justificadas pela lógica. Resultará algo sensato, nada além disso.

Existem milhares de espécies e tipos de conflito, assim como territórios onde eles existem. É impossível elencar todos, mas todos eles podem ser importantes para o ator. Por isso, é preciso examinar o máximo de possibilidades. Depois elas mesmas irão se compor numa única esfera de conflito, em que irão emaranhar-se como minhocas na lata do pescador.

Podem-se distribuir os conflitos em distintas categorias e depois analisar o papel e a cena de acordo com cada uma delas. Por exemplo, o *conflito aberto* é aquele que está na superfície. Ele está aberto para as personagens e para os espectadores. Este tipo de conflito possui a menor energia e dá pouco ao ator. Ao tomá-lo como base, é necessário, essencialmente, ocupar-se com as suas variações, com a busca de jogadas e de instrumentos inesperados. Qualquer que seja a maneira de realizá-lo, ele não será um motor importante da cena e do papel, pois não possui mistério interior e tensão. Mas esse conflito pode ser um ótimo disfarce, uma camuflagem para outro conflito que não se mostra. Se um conflito está expresso no texto e nas ações da personagem, significa que é necessário procurar o conflito profundo, não expresso diretamente. O *conflito* é *oculto* quando as personagens sabem da sua existência, mas por um longo período não o revelam nem nas palavras, nem nas ações. Ele se revela num determinado lugar da peça ou do papel, ou mesmo nunca se revela. Tal conflito é mais carregado, possui a energia do mistério, da "clandestinidade", dá ao ator maior liberdade de improvisação.

O conflito pode ser *interior* – vivenciado pelas próprias personagens – e *exterior* – entre a personagem e o mundo ao seu redor. Os atores se interessam com maior frequência pelo primeiro, pensando que se a personagem não tiver contradições internas, o papel deixará de ser interessante. Isso veio e ficou da paixão pelo teatro psicológico. Mas posso lhe assegurar que o conflito exterior muitas vezes é mais lúdico e, por mais estranho que pareça, mais emocional que o interior. Fazê-lo em cena às vezes é muito mais difícil. Três quartos da dramaturgia mundial são construídos sobre o conflito exterior.

Da minha parte, quero acrescentar que o indestrutível amor do ator pelas "vivências" não deve privar a personagem do direito de viver sem o conflito interior e em harmonia. Afinal, é possível que a pessoa esteja em harmonia consigo mesma e com o mundo. Está tudo bem no trabalho, em casa, com a saúde, com o dinheiro, com os amigos e com o amor. Para fazer uma personagem assim, é preciso procurar outros mecanismos.

É possível classificar os conflitos em conflitos "temporais" – do *passado*, do *presente* e do *futuro*. Por exemplo, pode-se dizer com precisão que se trata de um conflito do passado se ele surgiu há muito tempo e ouvimos na peça apenas as suas repercussões, como o eco da tempestade que se esvai.

O conflito pertence ao *presente* quando ele surge agora, nesse instante. Nesse caso, a sua atenção deve estar concentrada no processo de como o conflito surge, se inflama e termina.

No papel ou na cena, você pode ver e explorar a formação de um novo conflito – o *conflito do futuro*, cujos resultados levarão a determinadas consequências apenas no futuro. Tal conflito sempre dá ao papel uma tensão particular no final, quando tudo parece estar terminado e, no entanto, claramente ainda não acabou e muita coisa vai acontecer adiante. Por exemplo, no final da peça de Tchékhov, *As Três Irmãs*, ouve-se que isso é apenas o começo.

Alguns conflitos podem ser chamados de *potenciais*. Eles ainda são desconhecidos pelas próprias personagens, não foram fixados por elas, mas o ator os encontra, define e pode colocá-los na base do papel. Pode acontecer de exatamente esses conflitos definirem o caráter e a direção do papel. Normalmente, tais conflitos nunca se resolvem nos limites da peça, mas a sua definição dá mais uma fonte de energia ao papel como um todo ou a uma parte dele.

Ao analisar a peça e o papel, é possível ver o conflito em tudo: nas atmosferas, nas imagens, nos estilos, nas estruturas, na *mise-en-scène*, nos cheiros, nas cores e até nas vozes. O conflito como hipótese é proposto pelo ator durante o trabalho na mesa e depois verificado por ele através da análise em ação. É preciso se exercitar em organizar conflitos – sempre, em todo lugar, com qualquer material. Peças de diferentes autores, cenas e monólogos avulsos, prosa, pintura, música e assim por diante. Até livros de receita, jornais com anúncios de casamento, listas telefônicas, podem ser vistos por você como matéria-prima de criação de um conflito para a atuação. Aprenda a ver o conflito até entre A, B e C ou entre 1, 2 e 3 e você será um profissional.

E quando você aprender a encontrar e construir todo tipo de conflito, compare os princípios de abordagem do papel nos teatros europeus e asiáticos. Você verá que no Oriente é muito raro a cena e o papel serem analisados em termos de conflito; lá os atores estão ocupados não em lutar, em vencer o adversário, e sim em manter a tensão. Então, pergunte-se: será que a ação cênica pode desenvolver-se sem nenhum conflito? Pode um papel viver e desenvolver-se sem as leis da luta e das oposições? Se é possível ver um conflito em qualquer coisa e em qualquer lugar, talvez nem sequer valha a pena notá-lo? "Mas o que então?", perguntará você. Tensão.

Questão 4:
Sobre Qual Fundamento É Construído e Sobre Qual Paisagem É Desenhado o Papel?

Se imaginamos que o papel é construído da mesma forma que se constrói uma casa, essa construção deve começar pelo fundamento. *Isso significa que toda a peça, cada cena, cada réplica e, claro, o papel como um todo devem ser vistos não como suspensos no vácuo, e sim construídos sobre um fundamento sólido, desenhados sobre uma determinada paisagem.*

A noção de "fundamento" pode variar. Pode referir-se tanto às circunstâncias da vida social em que vivia o dramaturgo quanto à sua vida pessoal. O papel é visto contra o pano de fundo das circunstâncias propostas pela própria peça e o do desenvolvimento da vida artística, teatral e filosófica contemporânea. Tudo isso é posto no fundamento do papel.

Não seria correto se o seu trabalho sobre o fundamento se transformasse em uma investigação maçante de fatos da biografia do dramaturgo ou da personagem, ou num estudo de livros de história. Trata-se de outra coisa: é o estudo do "ar do mundo", no qual nasceu a obra (a peça ou o papel) e em que ela crescerá agora, durante o processo de sua realização em cena. Explico... Não se trata apenas do que cerca de perto o dramaturgo, ou seja, daquilo que age diretamente sobre o criador e a obra. Não significa "amarrar" o papel aos mexericos da sociedade – isso é demasiado vulgar. Refiro-me àquilo que age de forma invisível sobre o dramaturgo ou ator através de uma atmosfera especial. Chamo a isso de "ar do mundo". Ele é único para todos. Por exemplo, Tchékhov podia não saber nada sobre as primeiras experiências dos impressionistas, mas através do "ar do mundo" ele se nutria das mesmas moléculas, do mesmo pólen. Isso se percebe claramente nas suas peças. É impossível não conectar a sua obra com os bacilos da Primeira Guerra Mundial, que começará somente dez anos após a sua morte, e com as ideias utópicas do "futuro maravilhoso", que dividiram as nossas famílias e o nosso mundo. Pessoas talentosas veem as coisas anos à frente. Elas possuem um bom faro para o tempo.

A ordem de surgimento dos acontecimentos no tempo e no espaço é muito diferente da forma como nós a imaginamos normalmente. É por isso que Igor Stravinsky pode ser ouvido nas peças de Shakespeare e Konstantin Treplev pode assobiar melodias de Louis Armstrong. No mundo da arte – da pintura, do teatro, da literatura, música, filosofia, moda –, todos vivem juntos e respiram o mesmo ar. Todos se veem e se ouvem.

E mais uma coisa... Quando você estuda um papel escrito por um dramaturgo que já morreu, você pode comparar a vida real, o destino dele com aquilo que ele escreveu. Muitas vezes ocorre que algo escrito irá acontecer no futuro. Os artistas têm um dom especial de premonição. Mesmo que não as conheçam, eles ouvem as páginas de sua vida, sentem as suas viradas e o final. Esse "conhecimento" não pode deixar de ser sentido em sua obra.

A criação, em grande parte, é resultado do trabalho do subconsciente, portanto, detalhes da vida do dramaturgo ou da personagem real podem tornar-se para o ator um material importantíssimo na compreensão e análise do papel. O ator pode enxergar e incluir no papel aquilo que depois, de fato, acontecerá com o autor, aquilo que este não sabia, mas subconscientemente descreveu na sua peça. Ao buscar situações, experiências e ações similares entre a vida do dramaturgo e o papel, comparando-as, examinando-as, você terá a rara oportunidade de descobrir o sentido mais secreto de sua obra. Isso é uma fonte muito especial no trabalho do ator, ela sempre aumentará a visão do papel, dando-lhe uma tensão especial graças ao jogo, no limite entre o teatro e a vida real, aproximando o papel do significado do mito.

Observe para qual ator o papel foi escrito. Em primeiro lugar, ele realmente pode ter sido escrito para um determinado intérprete, em segundo, o que é mais importante, para que tipo de ator, para qual escola teatral, para qual teatro ele foi criado. Muitas vezes, atores cometem um erro ao tentar analisar e compreender Antígona ou Lady Macbeth como papéis psicológicos. Isso não vai funcionar. Shakespeare escreveu para o seu teatro e para os seus atores. Eu não incito a restaurar os modelos teatrais antigos – isso é bom apenas para os museus –, mas é imprescindível compreender as

Если разрабатывать внутренний пейзаж человека, возникает среда в которой он находится. А если разрабатывать среду обитания, фон, внешний пейзаж, то начинает проявляться человек.

FIGS. 1 e 2: *Quando se desenvolve a paisagem interior do ser humano, surge o ambiente no qual ele está. E quando se desenvolve o ambiente em que ele habita, o fundo, a paisagem exterior, começa a revelar-se o ser humano.*

leis, a partir das quais foi feito o papel e só depois pensar em como correlacioná-las com a linguagem cênica atual.

Decida em que paisagem o seu papel será interpretado; o que acontece "atrás"? Disso depende a sonoridade da sua cena, o sentido das suas réplicas. Por exemplo, o monólogo de Macbeth na sétima cena, no qual ele decide cometer a traição, acontece sobre o pano de fundo da celebração da vitória pelos seus amigos. A última cena de despedida entre Nina e Kóstia acontece sobre o pano de fundo de uma partida de bingo, jogada por Arcádina e Trigórin no aposento vizinho. A paisagem é um componente importantíssimo do papel. Ela pode mudar no desenrolar da cena; às vezes, pode mudar de posição com a cena – avançar e ficar à sua frente – e o papel, então, ficará visível através da paisagem.

É possível falar também sobre a criação da "paisagem interior", imprescindível durante a interpretação do papel. Nesse caso, são desenvolvidos o fundamento da imagem interior e o da vida interior da personagem, e sobre essa paisagem são colocados o texto, o comportamento, os sentimentos. Isso cria a tensão que sempre existe entre o primeiro e o segundo plano, entre o objeto principal e a paisagem, sobre a qual ele está desenhado.

E finalmente pergunte a si mesmo: em que país, em qual cidade, em que teatro e com que atores você fará o seu papel? Isso também é paisagem para o papel.

Questão 5:
Como É Feita a Rede de Acontecimentos do Papel?

O conceito de "acontecimento" teve um grande desenvolvimento na ciência e filosofia atual e exige, portanto, uma revisão na nossa profissão. Por isso, começarei com os postulados da Escola para depois propor um outro olhar, mais contemporâneo, sobre o que é acontecimento e como ele influencia a vida do papel.

Assim, *considere o seu papel como uma sucessão de acontecimentos*. A Escola nos diz que para descobrir a essência do papel é extremamente importante analisar os atos e as ações que a personagem efetivamente realiza. *É possível dizer que cada detalhe da vida do papel pode tornar-se ou não um acontecimento. E isso depende não apenas do autor da peça, mas também do olhar que você tem sobre o papel, um olhar pessoal e subjetivo. Você há de concordar que muito daquilo que era acontecimento ontem não provocará hoje em você qualquer interesse, e, ao contrário, um detalhe insignificante do passado pode tornar-se um acontecimento decisivo na vida atual.*

Claro, não é fácil definir logo de cara os verdadeiros "acontecimentos". Por isso, no início do trabalho reúna todos os fatos que revelem o que aconteceu com a personagem. É um trabalho longo, meticuloso, que lembra o trabalho do detetive que reúne as menores pistas. Depois de todas essas pistas, selecione apenas aquelas que realmente influenciaram o desenrolar do papel, da cena, do ato ou do espetáculo – aquelas que os mudaram. Esses são os acontecimentos do seu papel. Um fato pode ser enorme, mas se ele não influenciou o movimento da sua personagem, significa que ele não chegou ao nível do acontecimento. Porque acontecimento – assim ensina a Escola – é aquilo que muda a ação da cena, o correr do pensamento, do sentimento, do movimento do papel. Ele é o ponto de tensão máximo, é a explosão do conflito. Ele é um momento, um instante. Acontecimento – em russo *so-bytie* (coexistência) – é quando no mesmo lugar se encontram amigos e inimigos. Será que eles podem permanecer juntos por muito tempo?

Nem sempre os acontecimentos são visíveis. Eles podem encontrar-se dentro do papel e fora dele, ser evidentes ou ocultos, exteriores – baseados nas peripécias, algo que é característico, por exemplo, de Shakespeare – ou sobretudo interiores, como ocorre em A. Tchékhov, em cuja obra o estado de espírito das personagens é mais sujeito a mudanças que a sua posição prática na vida. Os acontecimentos podem situar-se e revelar-se em toda parte – no campo do texto, do sentido, no território dos sentimentos e assim por diante. Existem relações próprias entre os acontecimentos do papel; por exemplo, um outro exterior muitas vezes gera um outro interior e, ao contrário, um acontecimento mais importante absorve outro menor, uma quantidade de acontecimentos menores cria um acontecimento qualitativamente novo, que se distingue deles etc. Ou seja, não basta apenas defini-los, é preciso também observar como eles estão ligados entre si.

Agora decomponha o papel numa série de diversos acontecimentos e destaque os mais importantes. Quando o seu papel tem muitos acontecimentos, significa que tem muitas curvas, graças às quais pode revelar suas numerosas facetas. Um papel com curvas, acontecimentos bruscos e inesperados lembra um *slalom** – é de tirar o fôlego!

Mas posso dizer que, pela minha própria experiência de direção, se os acontecimentos em cena estão colocados com uma densidade exagerada, o seu peso específico, a sua importância diminui significativamente. Esse paradoxo surpreende até hoje muitos diretores que gostam de ação – os acontecimentos se sucedem com a velocidade de uma rajada de canhão, mas nada acontece em cena. A questão é que a ação se desenvolve não apenas graças aos acontecimentos, mas também quando eles não existem. No drama clássico pré-tchékhoviano, a ação do texto literário era organizada pelo acontecimento e se revelava através dele, porém a assim chamada "ausência de ação" das peças de Tchékhov mostrou uma organização da obra totalmente distinta: o fluxo da ação acontece fora e independentemente dos acontecimentos. Por exemplo, pode-se dizer que em *A Gaivota*, *Tio Vânia*, *As Três Irmãs* o acontecimento culminante, que

---

* Originalmente significa "trilha sinuosa", em norueguês; no contexto esportivo, trata-se de uma descida com esqui por um traçado ondulado entre obstáculos [N. da T.].

organiza a ação, está ausente. Mas trataremos disso um pouco mais tarde.

Voltemos à Escola: "Inteiro é aquilo que tem início, meio e fim", disse Aristóteles na *Poética*. *Sempre e em tudo é preciso buscar o início, o ápice e o fim. Pois todo fenômeno no mundo se desenvolve segundo o esquema origem – mudança – declínio. Isso significa que é bastante natural buscar a mesma coisa na peça. Procure sempre e em todo lugar a tríade dos acontecimentos* – me diziam os professores – *o 'inicial', o 'principal' e o 'final'. Tente decompor até frases soltas dessa forma. Ao descobrir esses acontecimentos torna-se possível interpretar o papel, a cena, o monólogo etc.*

Assim, antes de mais nada, é preciso procurar o acontecimento inicial. Ou seja, aquilo que serviu de impulso básico para a ação da peça, de estímulo inicial ao papel, à cena, ao monólogo. Procure logo no início dar ao acontecimento um nome, e fazê-lo para cada acontecimento da maneira mais precisa e vívida possível. Às vezes, a intriga se estabelece na primeira cena – por exemplo, em *Rei Lear* – ou na primeira frase – como em *Inspetor Geral*, de Gogol. O acontecimento inicial pode encontrar-se, também, antes do início do texto do papel ou da aparição da personagem em cena, ou até fora dos limites da peça.

Depois, é preciso encontrar e definir o acontecimento fundamental, principal, ou seja, aquele que alterou de forma essencial a vida da cena e do papel, depois do qual a direção e o caráter da ação mudam. O acontecimento principal do papel é aquele que tocou o autor antes ainda de ele ter escrito o papel e a peça como um todo, é também aquele instante que comove você como ator hoje. É aquele segundo, em que acontece a "explosão" do papel, a sua vitória ou derrota, aquele instante, quando o papel se revela e ilumina você, ator, com a sua verdade.

O final também exige uma denominação e definição exatas. Ele é o acontecimento de conclusão, ao qual chegou o fluxo de ação que partiu do impulso inicial e passou pelo acontecimento principal – tal é a compreensão clássica da ligação entre os acontecimentos. Ao definir o acontecimento inicial, principal e final do seu papel em cada cena, é como se você cobrisse a peça com uma rede de acontecimentos. Quanto menores são os espaços vazios dessa rede, mais escrupulosa é a análise que você fez. Isso dará ao seu trabalho um caráter mais concreto e detalhado. Agora, em cena, você correrá menos risco de se encontrar no vazio do desconhecido, de "cair no buraco", por assim dizer. Qualquer que seja a direção que a vida cênica do papel tomar, vocês sempre sentirão por trás disso essa rede de acontecimentos. Ela sempre trará a vocês segurança no jogo.

Descrevi brevemente aquilo que há muito tempo aprendi, apliquei e aplico na prática. Mas o mundo muda com grande velocidade e é preciso mudar também as nossas ideias sobre a questão de o teatro ser ou não dogmático. Ao conhecer as bases da teoria de Albert Einstein, de acordo com a qual os acontecimentos não são construídos linearmente, e sim vivem de forma independente e entram livremente em contato uns com os outros, tentei construir a cena com dois acontecimentos – sem o "inicial" ou sem o "final". E depois com apenas um acontecimento, o que já é o passo seguinte na compreensão de como construir uma cena. Experimentei também construir a cena sem acontecimentos, quando os próprios atores buscavam os acontecimentos durante a ação. Tudo isso ainda precisa ser verificado em ensaios práticos e laboratórios, antes de ser apresentado como um método. O campo de pesquisa é enorme. Por exemplo, a teoria da relatividade dá o direito de compreender o acontecimento do papel ou da cena não como um simples ponto, mas como uma linha ou onda infinita, que atravessa toda a superfície do espaço-tempo do papel. Partindo disso, qualquer acontecimento pontual se expande, como um leque. A bala fatal de Solióni, em *As Três Irmãs*, de Tchékhov, que passou como um raio na nossa compreensão tridimensional do espaço, não apenas continua agora o seu caminho, no espaço-tempo quadridimensional, como já passava por lá antes de Solióni ter apertado o gatilho. Em geral, se construímos não a série de acontecimentos, que lembra soldadinhos enfileirados um atrás do outro, e sim, como disse acima, a esfera de acontecimentos, então, mais cedo ou mais tarde a linha curva dos acontecimentos deve fechar-se sobre a superfície esférica do papel, isto é, repetir-se. Isso nos leva à conclusão de que todos os acontecimentos do papel, suas palavras, imagens e ações se repetem de tempos em tempos.

LYUBOV ANDRÉYEVNA: Olhem, a falecida mamãe passa pelo jardim... de vestido branco! (Ri de alegria). É ela.
GÁEV: Onde?
VÁRYA: Deus esteja com a senhora, mamãe.
LYUBOV ANDRÉYEVNA: Não há ninguém, foi só impressão. À direita, na curva para o caramanchão, uma árvore branca se curvou, parece uma mulher...[1]

Os acontecimentos se repetem, ou seja, é possível fazer uma análise presumindo que todos os que existem no papel já são conhecidos pela personagem. Então nem sequer há acontecimentos no papel? Essa pergunta soa nas peças de Beckett. Nelas, o ser humano apenas acredita que o tempo é medido pelos acontecimentos, mas na maioria das vezes na vida de suas personagens não há momentos de ápice, não há início nem desenlace. O acontecimento aí é apenas um salto qualitativo, precedido por meses, anos, séculos de mudanças quantitativas. Porém, antes de Beckett, Tchékhov já destruía a ilusão de que os acontecimentos influenciam e constroem os destinos dos seres humanos. Pergunte a si mesmo: o que mudaria se Gáev e Ranévskaya conseguissem salvar o jardim? Nada. Gáev e Ranévskaya sentem, subconscientemente, o mito que está por trás do acontecimento, sentem o quanto é ilusória a solução dos seus problemas pessoais. Nem eles nem ninguém mais podem influenciar o correr da vida. Daí a irritação de Gáev quanto à proposta pragmática de Lopákhin de dividir o jardim em terrenos de dacha: "Perdão, mas que absurdo!" Para que esforços inúteis? "Se a

1. Tchékhov, *O Jardim de Cerejeiras*, I ato.

propriedade hoje foi vendida ou não, que diferença faz?" – diz Trofímov. Também a morte de Tuzenbakh no duelo, de forma alguma, é um acontecimento sinistro, mas sim mítico, que Irina atravessa e segue adiante. Os acontecimentos não mudam nada na alma das personagens, nos seus destinos: tudo o que devia acontecer já aconteceu muito antes. O tempo não parou; a vida não mudou.

É assim que o acontecimento é muitas vezes entendido no drama atual. Tenho certeza que as descobertas da ciência devem ser aplicadas no teatro com maior coragem e não se deve ter medo de mudar os postulados da escola clássica. Não se pode ir longe com os teoremas de Pitágoras e a geometria de Euclides.

Questão 6:
Quais São os Temas do Papel?

Ao olhar o texto, procure imediatamente entender sobre o que a sua personagem está falando. Com qual tema ela atua agora? Provavelmente haverá mais de um tema no papel. Eles são muitos, mas sempre num dado momento um deles é o mais importante; e depois de algum tempo o tema mais insignificante de repente se expande e passa a dominar. Observe como um tema começa, como ele se desenvolve e como acaba.

Por exemplo, a Irina, de *As Três Irmãs,* desenvolve sempre determinados temas: "amor", "trabalho" e assim por diante. Trace em separado a linha das palavras e a linha do comportamento que acompanha essas palavras, e você verá que são histórias totalmente isoladas. Para cada linha temática, dê atenção sobretudo à frase inicial e final. No início da peça, Irina fala pela primeira vez sobre o amor em tom de brincadeira, como se falasse de um jogo. Aplaudindo, ela diz: "Bravo, bravo! Bis! Andriúschka está apaixonado!" No desenrolar do papel de Irina, o tema do amor, a sua compreensão do amor muda e no final ela diz, a Tuzenbakh: "Mas não há amor, o que fazer?!" E chorando: "Eu nunca amei na minha vida".

No processo de trabalho, você vai entender quais temas são os mais importantes para o seu papel e quais são suplementares. Aí então é preciso começar a trabalhar com eles e desenvolvê-los separadamente, torná-los quentes do ponto de vista emocional, fazer deles a "trança" dos temas do papel. Eu já falei com maiores detalhes sobre como trabalhar com o tema no livro *A Verticalização do Papel**.

Questão 7:
Quantas Microcenas Há no Papel?

Segundo esta regra, eu recomendo dividir o papel em pequenos fragmentos. *Divida tudo o que puder – cenas, monólogos, frases, pausas – e faça isso enquanto for possível. Ou seja, enquanto você for capaz de realizar cada parte separadamente.*

Em outras palavras, numa única cena escrita pelo dramaturgo é preciso enxergar várias cenas e analisar cada uma delas separadamente, como uma história independente. Peguem como exemplo a segunda cena do primeiro ato de *Macbeth* e contem quantas pequenas cenas há nela:

1. Duncan a espera do seu destino (se a batalha foi vencida, ele é rei; se foi perdida, ele é ninguém).
2. Duncan e Malcom (pai e filho).
3. A chegada do capitão e o seu encontro com Malcom.
4. A apresentação do capitão ao rei.
5. Duncan e o capitão.
6. A morte do capitão.
7. Chegada de Agnus e Ross – entre eles também há uma cena (um está calado o tempo todo e o outro relata os acontecimentos).

*A ser publicado pela Perspectiva (N. do E.)

8. Relato sobre as ações militares que levaram à vitória.
9. Vitória.

Provavelmente, é possível encontrar mais cenas.

Cada microcena deve ser analisada separadamente. Em cada uma é preciso encontrar o início, o acontecimento principal e o final. Cada uma deve ter o seu sentido e incorporar-se ao conteúdo geral da cena. Assim o papel também vai adquirir muitas curvas e nuances, ficará mais complexo e mais interessante na sua realização.

Se olharmos as peças de Tchékhov, é fácil ver que muitas de suas cenas são compostas de pequenas cenas isoladas, de croquis, esboços. Isso sempre impregna os seus dramas de uma especial intensidade e beleza polifônica, em cada cena e em cada parte.

Assim como numa orquestra cada instrumento tem a sua linha e é um detalhe importante na sonoridade geral, também no trabalho do ator sobre o papel a atenção aos detalhes e miudezas é necessária. Com frequência, logo depois de dar uma olhada rápida no papel, os atores já o "carimbam" como numa máquina de fábrica. Mas hoje é valorizado um trabalho artístico artesanal, com detalhes únicos. O ator deve amar "as ninharias" do papel. Elas "aquecem" o papel, lhe dão um aroma e uma elegância especiais. Dessas pequenas histórias surge o ornamento do papel, delas é tecida a sua renda. Graças às curvas sutilmente desenhadas, o movimento do ator pelo papel lembrará o de uma aranha tecendo uma teia fina e rebuscada.

Questão 8:
O Que Está nos Espaços Vazios do Papel?

Você olha a água e pensa que ela é algo homogêneo, você observa a vida aquática, por assim dizer, "em plano geral". Mas ao olhá-la pelo microscópio, você descobrirá uma vida vigorosa de micróbios, bactérias, elementos químicos que acontece dentro dela. Aí sempre surgem movimentos, ligações, rompimentos, acontecimentos, quebras e estabelecimento de novas relações. Em resumo, uma vida bastante intensa. Pois bem, é impossível interpretar essa água sem enxergar e compreender essa vida invisível.

Imagine agora que você está olhando o texto da peça pelo microscópio. Você verá aquilo que não pode ser percebido a olho nu. Já não são apenas palavras e letras, mas também aquilo que está entre elas. É sempre fascinante descobrir e conhecer a vida invisível. Para isso, é necessário aprender a vê-la. Se ninguém enxerga uma cena marcante no espaço vazio do papel, o ator é obrigado a enxergá-la. E não apenas enxergar, mas também organizar o acontecimento e o conflito, e coordená-los com a ideia principal da peça e do papel. *É preciso encontrar material para o papel e organizar cenas nas pausas, entre as frases, entre as linhas e até entre as palavras.*

Segundo essa regra de análise, o espaço vazio é um território importantíssimo de pesquisa. O território do texto pertence ao texto, mas o espaço entre as palavras pertence ao ator. E esse espaço deve ser preenchido e desenvolvido por ele até que seja tão intenso quanto o próprio texto. Apenas nesse caso o ator poderá encontrar-se com o texto de igual para igual e não se sentir sob a sua ditadura. Apenas nesse caso haverá uma aliança apropriada, honesta e produtiva: a arte do texto dramático irá encontrar-se com outra arte – a arte da atuação.

Às vezes uma rubrica do dramaturgo pode influenciar mais a sua compreensão do papel que todo o texto pronunciado. Zonas do espaço "vazio", rubricas, pausas também pertencem ao texto do papel. São elas que permitirão a você soltar o voo da sua imaginação em torno do papel, lhe darão a sensação de liberdade de busca. Tudo o que for reunido "em torno" do texto vai reforçar a sua posição autoral, vai revelar a sua leitura particular do papel.

Considero também espaço vazio tudo aquilo que aconteceu fora dos limites da peça. Ou seja, pode-se dizer que o espaço vazio do papel deve ser estudado pelos acontecimentos que:

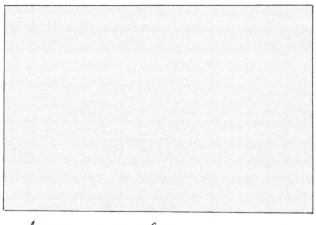

FIG. 3: *O ator deve enxergar no vazio o material para o papel.*

a. ocorreram antes com a sua personagem e podem ter influenciado a sua história dentro da peça;
b. são indicados como fato concreto, que passou no decorrer da peça, mas não são mostrados no texto do papel;
c. não são indicados, mas decorrem da situação da peça, ocorreram ou podem ocorrer no futuro.

Graças a esse trabalho, o ator amplia os limites do papel e obtém muito mais informações sobre ele. Por exemplo, na peça *A Gaivota* a morte do filho de Nina é indicada. Esse grande acontecimento deve ser analisado, talvez até feito como um *étude**, do qual você irá tirar o material para o quarto ato e para todo o papel. No decorrer da mesma peça,

---

* Em francês, o termo é utilizado da mesma forma como o usam os pintores – no sentido de elaboração prévia de uma obra ou de uma das suas partes, isto é, um esboço, croqui (mesmo significado de seu correlato em português). Na prática pedagógica e de ensaios, *étude* é, antes de tudo, um instrumento de investigação. Graças aos conhecimentos práticos obtidos no processo de *étude*, é possível descobrir quase tudo de que o ator e diretor precisam: o conteúdo da cena, seus temas, a direção

acontece a tentativa de suicídio de Konstantin – isso também deve ser estudado e incluído na análise do papel. Em *As Três Irmãs*, nada é dito sobre o surgimento da briga entre Tuzenbakh e Solióni – ela precisa ser reconstituída a partir dos pequenos detalhes e inventada lá, onde não houver indicações –, sua causa e por que isso aconteceu não num lugar qualquer, mas precisamente perto de um teatro.

A "noite na véspera do duelo" para Solióni e o seu rival pode servir como exemplo de cena, sobre a qual nada é dito na peça, mas nós sabemos que ela existiu. Não sabemos com exatidão o que aconteceu nessa noite, mas a nossa imaginação pode criar essa cena e sua análise pode trazer ao papel uma experiência inestimável.

Os espaços vazios do papel abrirão para você uma quantidade imensa de material, no mínimo para mais uma peça. Isso não deve assustá-lo. Do material encontrado, não mais que 10% entrarão na versão final do papel. Mas para os ensaios, para a compreensão e expansão do volume do papel, para a descoberta de novas fontes de energia, é preciso assimilar os 100% dos espaços vazios. E tudo o que for encontrado no território "vazio" e não for realizado diretamente em cena permanecerá com você, como uma memória especial da investigação artística, como uma reserva criativa que o acompanhará sempre e influenciará o seu jogo da maneira o mais positiva possível.

Uma vez mais quero dizer que em grande parte a riqueza do papel está escondida exatamente lá, onde não pode ser vista – nos vazios do texto. Quero assegurar-lhe que essa é uma das pesquisas mais interessantes e recomendar ocupar-se com ela já no início do seu trabalho sobre o papel.

---

da ação, o estilo, a linha de acontecimentos, as zonas de pausas etc. Ele também pode ser útil ao ator ou diretor, apenas como um esboço preparatório que, embora não incluído no resultado final, indiretamente se refletirá nele, mas muitas vezes o próprio *étude* acaba se transformando numa obra acabada (N. da T.).

Questão 9:
Sobre o Desejo de Inteireza

Tudo o que foi dividido almeja a inteireza – assim, gotas separadas se juntam num riacho; os riachos, em rios; os rios, no oceano. Como dizia Platão em *O Banquete*: "a causa disso é que assim era a nossa natureza no início e nós formávamos algo inteiro". Ele tem uma expressão muito forte: "sede de inteireza", que é elevada ao nível de instinto, inerente a tudo o que é vivo. A tal "sede" existe em cada obra de arte.

Desmontar é sempre mais fácil que montar. Muitos podem separar o papel em partes, como um mecanismo de relógio, mas nem todos conseguem montá-lo de novo. Isso acontece frequentemente com meus alunos. Tendo acabado de aprender a analisar, eles acham que já são capazes de montar e criar todo o espetáculo. Por isso, eu preciso lembrá-los que o objetivo principal da análise está mais adiante: juntar os pedaços num todo. A Escola diz: *a inteireza do papel ou do espetáculo é a submissão de tudo a uma única ideia artística, a uma única imagem*. Nessa submissão estão incluídos a vida física e textual do espetáculo, a sua vida exterior e a interior, a atmosfera, todos os acontecimentos, o conflito principal e os que o acompanham, a música, o cenário. Enfim, absolutamente tudo. Imaginem centenas de rios e riachos independentes que obedecem a "sede" de desaguar num único leito. Essa submissão rigorosa de muitas partes a um todo preenche-o de energia, torna-o muito mais rico e multifacetado.

No trabalho do ator essa regra obriga a olhar o papel como um todo, ou seja, como ação verbal, física e psíquica, como ação exterior e interior, lúdica e psicológica, como ação do ator e também ação da personagem. A construção do papel deve seguir simultânea e harmonicamente em todas as direções como um todo único. Assim acontece no desenvolvimento da criança – que é ao mesmo tempo o seu crescimento espiritual, emocional e físico.

O ator deve levar em conta o princípio da inteireza imediatamente, ainda no processo de concepção, durante a definição da ideia principal e continuar a segui-lo não apenas durante toda a análise do material dramatúrgico, mas também durante os ensaios e, é claro, durante o espetáculo em si. Atores que no início do trabalho se envolvem com pequenos detalhes muitas vezes se atolam neles e perdem o sentido do papel como um todo. O pintor, via de regra, esboça todo o quadro, para captá-lo como um todo e reter a sua imagem principal, e depois começa a delinear os detalhes. No seu trabalho sobre o papel, o ator deveria agir da mesma forma.

Questão 10:
O Que Significa Respeitar o Trabalho do Dramaturgo?

Estou convencido de que no teatro todas as pessoas que criam devem respeitar o trabalho alheio da mesma forma que respeitam o seu. Claro, se elas são artistas de verdade. Quem não sabe como é difícil às vezes assistir ao trabalho do colega que está num nível superior ao seu próprio? Todos sabem que sentimentos surgem, quando você assiste a um intérprete significativamente melhor do papel que ainda ontem você fazia e que lhe parecia uma grande façanha pessoal. Mas é preciso aprender a olhar o trabalho dos colegas de uma forma positiva e mais que isso – ficar feliz com ele. Vocês não têm a obrigação de alegrar-se com o sucesso alheio – não sou idealista a tal ponto, mas ficar feliz com um papel bem-feito, com um espetáculo criado com talento é simplesmente necessário. É preciso aprender a respeitar o trabalho em si e não dividi-lo em "meu" e "dos outros".

Com essa regra, eu rogo que você *sempre respeite o trabalho do dramaturgo que criou a peça com a qual você trabalha, o papel, cada cena e até cada réplica em particular.* Como uma recomendação geral, eu sugiro que você preste atenção e leve em consideração qualquer outro ponto de vista. Você só há de ganhar com isso.

Se ponha no lugar do dramaturgo e analise tudo não do seu próprio ponto de vista, mas do ponto de vista dele. Veja a situação, as pessoas e o mundo com os olhos dele e, então, você descobrirá na peça muita coisa nova. Não é correto pensar que apenas a sua janela tem a melhor vista para a rua. Desde o início do trabalho sobre o papel diga para si mesmo: "no texto proposto tudo é importante, tudo – até a última vírgula – merece respeito", e comece a trabalhar calmamente.

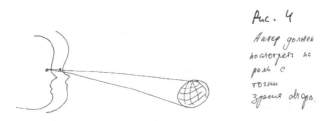

FIG. 4: *O ator deve olhar o papel a partir do ponto de vista do autor.*

Você irá perceber que o ponto de vista alheio, e ainda mais o do autor da peça, apenas enriquecerá a sua visão e de forma alguma limitará a sua independência criativa.

Porém, se o seu olhar e a posição do dramaturgo forem distintos demais, vale a pena pensar em recusar o papel e trabalhar em outra peça. É preciso sempre manter a própria integridade. É de mau gosto começar a mudar o papel desde o primeiro minuto do trabalho sobre ele, jogando fora o que incomoda e o que não se entende. E se aquilo que não compreende agora você entender mais adiante? Isso já não aconteceu na arte?

O dramaturgo pode ser inexperiente e esquemático, mas imagine que você está trabalhando com o autor ideal. A peça está longe da perfeição, mas trate-a como se não existisse no mundo peça melhor. Pense que nela tudo foi levado em consideração, da primeira à última réplica. Não se jogue com um lápis sobre a peça, riscando cenas e frases do papel. Isso pode matar a sua estrutura, a sua singularidade, a sua beleza. Você consideraria normal uma pessoa que, por não ter gostado da sua cara, se jogasse sobre você com uma faca para cortar o nariz que, na opinião dela, é comprido demais?

Mesmo que o erro do autor seja evidente, eu não recomendaria corrigi-lo. Muitas vezes, o erro enquanto tal dá à cena e ao papel um charme especial. Por exemplo, especialistas em literatura dizem que a peça *A Gaivota*, de Tchékhov, contém muitos erros e disparates do ponto de vista da dramaturgia. Mas poucos se atreveriam a corrigi-los. Pois talvez seja nesses disparates que está o segredo da eterna juventude e do frescor dessa peça. Eu pessoalmente gosto dela exatamente pelas suas asperezas e a prefiro a *O Jardim de Cerejeiras*, mais perfeito e belo.

O ator não é aquele que ajusta o autor para as próprias medidas, adiciona suas próprias palavras ou picota pedaços do texto do papel. Ator é aquele que faz soar cada palavra, cada vírgula – assim me diziam no teatro "os velhos". Essa era a Escola.

Você pode perguntar se o material literário sempre chega intocado até a estreia. Claro que não, há motivos que obrigam a fazer alguns cortes ou mudar o papel. Isso é bastante normal. Mas agora estou falando sobre o processo de análise do papel, não do seu resultado final. São coisas distintas. É precisamente o respeito pelo dramaturgo que muitas vezes permite, quando não obriga a, corrigir a sua obra para expressar a ideia original com maior precisão e intensidade.

E mais uma coisa... Quando você trabalha com uma peça traduzida, procure usar diferentes traduções. Às vezes, vale a pena você mesmo traduzir alguma coisa para não perder a sonoridade original da peça, tal como foi escrita pelo autor. Infelizmente, os tradutores com frequência cometem erros imperdoáveis, mas pode acontecer que a tradução soe melhor que o original. Nesse caso, é o ator que deve decidir qual tradução transmite melhor e com maior elaboração artística a imagem proposta pelo autor.

Questão 11:
O Que Significa Respeitar a Si Mesmo?

Essa pergunta está numa relação dialética com a pergunta anterior. Sua regra diz: *jamais perca o sentido da própria dignidade artística. Ao respeitar os outros, nunca deixe de respeitar a si mesmo.* Por maior que seja a autoridade do dramaturgo, nunca se coloque "abaixo" dele. Ao perder o próprio rosto, a própria individualidade, você jamais será capaz de criar uma obra de arte "própria". Diga para si mesmo: "Sim, Shakespeare é grande, mas eu também sou um autor". Como afirma Sórin, na peça *A Gaivota*, de Tchékhov: "No final das contas, ser um autor pequeno também é agradável". Vamos seguir essa regra – não se pode perder a própria voz. Você não é o autor da peça, mas você é o autor de outra obra de arte – do papel ou do espetáculo. Afinal, o papel não é uma ilustração do texto, e sim uma obra artística independente. Da mesma forma, um espetáculo realmente bom é uma obra de arte à parte, e não uma série de quadros em movimento que ilustram a peça. Dramaturgia é uma arte, enquanto o teatro é outra. O teatro pode existir sem a peça, porém a dramaturgia, mesmo que seja lida e apreciada, jamais se realizará completamente e atingirá o seu objetivo sem o ator.

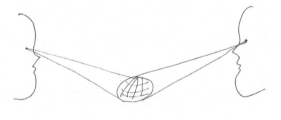

FIG. 5: *O ator deve olhar o papel a partir do seu próprio ponto de vista.*

Se lembrarmos a regra da "primazia da ideia principal", segundo a qual consideramos o dramaturgo como um elo, como um determinado instrumento de transmissão e expressão da ideia, penso que você há de concordar que é bastante plausível dramaturgos escreverem coisas das quais não têm plena consciência. Na arte, isso acontece com frequência e é um dos seus momentos mais interessantes. O ator pode "descobrir" o papel e isso será um presente para a peça e para o seu autor. Por isso, o verdadeiro sentido do que foi escrito tem mais chance de ser revelado, com clareza e exatidão, numa ligação criativa entre o dramaturgo e o ator do que numa submissão cega de um ao outro.

Ao cumprir essa regra, não esqueça que ela funciona apenas em conexão com a anterior.

Questão 12:
O Que o Seu Papel Tem de Único?

De certa forma, isso é uma continuação da questão sobre o respeito por si mesmo. Respitar a si mesmo implica *sempre, em todo lugar, buscar em relação à peça, ao papel, aos seus acontecimentos e ao seu texto o seu próprio olhar que é único e não se parece com nenhum outro.* Procure sempre se afastar da impressão trivial, que é a primeira a chegar. Muitas vezes, essas impressões são superficiais, secundárias, banais e refletem o mundo estereotipado em que todos vivemos. Esses clichês são os primeiros que se oferecem sem o menor pudor, atraindo o ator para a teia de trivialidade que via de regra leva o artista à mais ostensiva vulgaridade.

Por exemplo, você lê uma didascália numa peça, suponhamos que seja *Macbeth*, Cena 2: "entra o capitão ensanguentado". Imediatamente você vê uma imagem – o clichê de "uma pessoa profundamente infeliz". Mas Shakespeare não escreveu isso; ele apenas indicou o fato da chegada de uma pessoa com marcas de sangue. Foi a "cultura dos clichês" que logo criou e amavelmente lhe ofereceu a figura da "pessoa infeliz". Recuse tais "sugestões" imediatamente. É melhor seguir pelo caminho oposto do que dar espaço às impressões superficiais e ao pensamento simplista. Deixe esse capitão – ensanguentado, ferido e cansado – ser uma pessoa loucamente feliz, que conseguiu escapar viva dessa máquina de triturar que é a guerra.

Mas ao se afastar do estereótipo e procurar uma solução inesperada, um olhar fresco sobre os acontecimentos da peça, não caia no outro extremo de "fazer tudo ao contrário, custe o que custar". A originalidade não tem um valor em si, ela é necessária apenas para que seja possível ver e imaginar o mundo do papel sob outra luz, outro ângulo, para que esse olhar enriqueça as suas imagens, amplie os seus horizontes. Lembre-se que qualquer originalidade tem sentido apenas quando ela trabalha para a ideia principal do papel.

Brinque com as propostas mais absurdas e inesperadas, faça tudo o que quiser, mas não use os empoeirados clichês teatrais, não repita os lugares-comuns da vida cotidiana. Fique feliz com toda abordagem insólita, não limite a ousadia das suas fantasias. Todas as ideias "loucas" são belas e demonstram o seu talento e a juventude criativa. Mas nem todas elas devem ser trazidas para o ensaio. Não atribua o status de ideia genial a toda proposta inesperada. Verifique-a uma vez mais, pois com o desenrolar da análise você irá "amadurecer" e ver o papel de outra forma. É preciso pesar bem tudo e depois escolher aquilo que possui realmente um sentido importante e será uma descoberta genuína do papel.

Questão 13:
Como Despir o Papel?

Um dos meus professores, Yuri Malkóvski, já de idade, educado à moda antiga, ator muito refinado e instruído, um dos últimos alunos de Konstantin Stanislávski, me dizia: "Lembre-se,

Jurij, o teatro é uma arte, na qual tudo deve ser desnudado e com frequência mostrado até de forma rude e dura".

A maestria da análise consiste em grande parte na habilidade de a cada instante transformar uma pequena faísca numa chama de sentimento, e em elevar o pensamento de uma ninharia até a grande revelação. Para se atiçar, despertar as emoções e revigorar a fantasia, o ator com frequência é obrigado, durante a análise, a intensificar e exagerar tudo: os conflitos, os acontecimentos, as imagens, os contrastes da composição etc. Isso acontece porque boa parte do material que o ator encontra para o seu papel é frágil e de curta duração. Afinal, não se trata de mármore ou bronze, de tela e tinta. O material que o ator obtém durante a análise é muito delicado e quebradiço. Não há nenhuma garantia de que aquilo que hoje você conseguiu analisar, compreender e sentir estará disponível também amanhã. As estruturas criativas são muito precárias. É da sua natureza despedaçar-se e extinguir-se; não há nada a fazer contra isso. A minha Escola me ensinou que, *em grande medida, a arte da análise consiste em criar um sistema sólido do papel a partir de elementos nada sólidos e em manter esses elementos vivos por maior tempo possível.*

Ao definir as tarefas, os acontecimentos, as ações, a ideia principal e o conflito, é preciso agir de forma intensa e, muitas vezes, até rude e descarada. Mostre aquilo que normalmente é escondido. Chame com as suas próprias palavras aquilo sobre o que as senhoras não falam nos salões e o que os professores não mencionam nas aulas. Dê às coisas o nome que elas têm, por mais desbocados e rudes que eles sejam. Não tenha medo de agir em suas definições de maneira sincera, às vezes cruel e até sem-vergonha. Esse "despimento" do papel até a nudez abrirá os seus porões, dará à análise força material, cheiro e textura de terra. Deixe que os motivos torpes que definem a existência do papel sejam ouvidos, que a lógica implacável das ações gele, que triunfe a verdade mortal das palavras. Deixe vir à tona a materialidade desnudada e baixa da vida.

Olhe para as personagens de Tchékhov como se na sua frente estivessem personagens do romance de François Rabelais; dê-lhes na sua análise as cores e a suculência das leis carnavalescas e das relações lúdicas. Posso assegurar que você descobrirá inesperadamente uma face especial do papel, verá as personagens sob outra luz. Se a cena está escrita numa linguagem fina como uma teia, se ela transmite com delicadeza as nuances das situações, a complexidade e as muitas camadas das relações humanas e dos acontecimentos quase etéreos de tão transparentes, é preciso tentar desnudar bruscamente o seu âmago, revelar tudo o que nessa cena há de animal e rude. Tente, como dizia Shakespeare, "mostrar o estômago do mundo". Isso lhe permitirá usar um material especial na construção do papel, tocará outros instintos, sentimentos e ações, dará ao papel um cheiro especial de terra, um cheiro "humano".

Questão 14:
Como Criar o Ornamento do Papel?

Porém, a versão completa do conselho que me foi dado pelo meu professor é a seguinte: "Lembre-se, Jurij, o teatro é uma arte, na qual tudo deve ser desnudado e com frequência mostrado até de forma rude e dura, mas é preciso fazer isso com sutileza e graça". Aí está a dialética da arte!

Assim... a questão do "ornamento" ou a Regra do Labirinto: *Organize a análise de tal forma que lhe permita escapar de uma compreensão banal dos acontecimentos, construa a vida da cena e das personagens sutil e delicadamente.* Busque a variedade de nuances, uma alta vibração filosófica. A complexidade da análise trará os muitos sentidos e a riqueza do conteúdo. Carregue cada frase e, se for possível, cada palavra com vários sentidos. Para compreender a ação e o texto, procure significados finos e delicados, que podem até resistir a definições precisas. Se durante a análise você encontrar um obstáculo, contorne-o, siga adiante, ele será superado depois, mais à frente estará a solução. Tente encontrar no papel, na cena, e até em cada réplica, o maior número possível de curvas. Construa o labirinto do papel. A análise do labirinto dará ao seu papel a complexidade de um quebra-cabeça. A complexidade por si só exige muito mais energia que abordagens diretas e simples. Um motorista jamais cairá no sono numa estrada montanhosa, mas uma estrada regular o fará adormecer.

Eu gosto quando a análise é complexa, intrincada e contraditória. Isso é um dos melhores remédios contra a passividade e os estereótipos do ator.

Antes eu tinha certeza de que a análise do papel deveria ser absolutamente clara para os atores, ter uma estrutura e composição rígidas, uma atmosfera exata, uma ação transversal e tarefa concretas, uma clara elaboração dos sentimentos, pensamentos e atos das personagens. O paradigma do diretor era a lógica justificada do comportamento do ator no papel. Nos meus anos de estudante, os professores exigiam rigorosamente dos alunos a capacidade de definir a tarefa e a ação para os atores, de maneira a mais precisa e concisa possível. Nós, jovens diretores, buscávamos em todo lugar verbos fortes, capazes de inspirar os atores a entrar em cena. Ensinavam-nos a ser vigilantes com os atores – "só pode ser assim, e não de outro jeito, nem um passo para fora da linha traçada de ações e tarefas do papel". Nós copiávamos dos livros os verbos que melhor exprimiam a ação e com esses verbos "cabeludos" fazíamos pequenos glossários de bolso. Esse era o treinamento do jovem diretor para os ensaios. O ator perguntava: "E o que eu faço nessa cena? Qual é a minha ação nesse ponto do papel?" Normalmente, os diretores temiam tais questões. Mas, tendo tal glossário, dizíamos "Toma!" e jogávamos o "verbinho", com uma definição clara e precisa da ação. "Agora, meu caro, vá e expresse isso!". Para muitos, a precisão é o único critério de profissionalismo. Concordo com isso apenas em parte. Para o profissionalismo existe um patamar mais alto – é a fronteira entre a precisão e a imprecisão, entre a obrigação e a liberdade. Nesse limite surge a Arte. A habilidade de equilibrar-se aí é uma maestria técnica, acessível apenas a poucos profissionais escolhidos, isto é aos verdadeiros artistas.

Parece-me que é preciso fazer a análise complicada e intrincada a tal ponto que o ator não saiba como jogar com ela, de modo que ela se faça por si mesma durante o processo de jogo, a cada vez surgindo de novo. E, mesmo que o ator queira repetir a performance na próxima vez, que isso seja impossível de ser feito.

Só há um caminho para alcançar isso: é preciso fazer diversos tipos de análise, examinando o papel ou a cena de diferentes pontos de vista, tanto no que diz respeito ao sentido quanto ao gênero, ao estilo, à posição filosófica, à linha psicológica e assim por diante. A análise deve chegar a tal nível de complexidade, multipolaridade e multilinearidade que o ator, o seu aparato psicofísico, acostumado e ajustado para realizar tarefas simples e inequívocas, se recuse a realizá-la. Ao encontrar-se num labirinto, ele será obrigado a buscar clareza, concretude e simplicidade na complexidade da análise proposta. A intuição artística e o instinto criativo do ator começarão a conectar aquilo que os seus sentimentos e a sua razão não podem ligar com a simples lógica linear.

Por isso, eu penso que a análise deve servir ao ator não para simplificar, mas para complicar. É um processo interior de total sobrecarregamento do ator com diversas questões, para que ele mesmo as torne mais precisas e as realize em cena, em vez de realizar jogadas preparadas de antemão por outrem, para que ele busque o seu próprio caminho, e não execute o caminho de outra pessoa. É perigoso quando o ator diz: "Sim, eu sei como jogar isso". E será maravilhoso quando ele disser: "Não sei como fazer isso, mas quero tentar".

Como essa pergunta está ligada numa unidade dialética à pergunta anterior, eu aconselho durante a análise do papel e da cena a usar as duas simultânea– e não alternadamente. É nessa junta que surgirão as principais e mais importantes descobertas. O cineasta Fellini usava esse procedimento com frequência nos seus cenários e filmes – do "baixo" ao "alto" e vice-versa. Penso que no teatro é difícil encontrar exemplo melhor que os contrastes shakespearianos, que unem o lirismo sutil, a filosofia elegante com a mais cabal brutalidade.

Se antes eu aconselhava vocês a examinar de maneira rude e dura as cenas delicadas, feitas com elegância, agora eu proponho agir de forma oposta. Procure na cena sutileza e elegância se ela estiver escrita de maneira rude e dura. Meu outro professor, Mikhail Butkévich, dizia: "Eu sei que teatro é uma arte rude. Mas mesmo assim eu quero fazê-lo o mais sutil possível, eu quero descobrir e mostrar a vocês um teatro delicado, frágil". Aprenda a amar os detalhes insignificantes do papel. Na arte, os detalhes e pormenores muitas vezes não são simples enfeites e excessos, mas constituem a sua essência. A plenitude do conteúdo só pode ser transmitida através dos menores detalhes. Precisamente através deles, e não através de concepções gerais e soluções diretas.

Alguém dos grandes disse: "Deus está em detalhes". Não foi meu professor, mas concordo com ele – é pelos detalhes que se constrói uma civilização.

Questão 15:
O Que É o Mito do Papel?

Antes de tudo, proponho uma regra: *é preciso olhar o seu papel como uma parábola, como um mito que você cria*. Falo não tanto sobre um mito para o espectador, apesar de considerar que o mito é a arma mais potente para agir sobre a consciência dele, quanto sobre a importância do ator tornar-se ele mesmo um *criador de mitos*, e não apenas intérprete do papel. É outro *status*. Imagine só: sair em cena sentindo-se, em certa medida, o portador do mito, o seu herói. O papel e o espetáculo irão terminar, serão logo esquecidos, mas o seu mito permanecerá eternamente vivo.

Na análise do papel, é preciso buscar o ambiente da existência artística deste, não da cotidiana. É preciso olhar o papel como um todo e cada um dos seus acontecimentos como eternos, pertencentes não apenas a este lugar concreto, a esta época, a este país e a determinadas pessoas. Olhe cada cena como um pequeno romance, com começo e fim, com um sentido manifestado em nível de fábula, de parábola.

É preciso prestar mais atenção nas imagens que o texto da peça propõe e analisá-las com um cuidado especial. Por exemplo, em *A Gaivota*:

KONSTATIN: É como se tivesse um prego no meu cérebro; maldito seja ele junto com a minha vaidade, que suga o meu sangue, suga, como uma cobra...

TRIGÓRIN: Eu sinto que estou consumindo a minha própria vida, que para o mel que entrego no espaço a um certo alguém, eu tiro o pólen das minhas melhores flores, arranco essas flores e piso as suas raízes.

É preciso jogar, vivenciar, compreender e sentir isso profundamente e não apenas pronunciar as palavras. Procure a metáfora fundamental do papel. Muito raramente uma abordagem cotidiana é capaz de revelar a verdade. E um bom papel sempre culmina em imagem. Então, a vida torna-se visível através do Teatro; o cotidiano transforma-se em poesia; a poesia, em mito.

Deve-se tentar compreender de uma forma poética mesmo a fala cotidiana, afastando-a do materialismo. É preciso aprender a ampliar, isto é, tirar o máximo de uma frase banal e transformar um texto comum no som do mito, que é eterno e compreensível para todos. Pergunte-se: por que Tchékhov privou Nina Zarétchnaia de uma mãe e lhe deu no lugar uma madrasta? Por que essa moça tem apenas minutos contados de felicidade de estar em cena? Por que ela desaparece de repente, sem dar ouvidos aos pedidos das pessoas que lhe são mais caras? Qual é o mito transmitido para nós por Tchékhov? Claro que é o mito da Cinderela. Mesmo que nem todos os espectadores o percebam ou lembrem imediatamente desse conto conhecido desde a infância, os signos desse mito farão a sua parte e todo mundo irá sentir compaixão por essa moça e gostar dela.

O mito não conhece diferenças de fronteira, diversidade de gostos, barreiras linguísticas, status sociais ou de instrução. O mito está aí para todos, sempre e em todo lugar. Faça o seu papel de modo tão ilimitado e democrático que ele possa ser entendido e assimilado por todos, como The Globe, de Shakespeare. Os seus espetáculos estavam cheios de mitos, de parábolas, de contos e eram igualmente compreendidos por todos – da pessoa mais simples ao aristocrata mais refinado.

Um mito é sempre uma história transcendente e por isso não pode ser interpretado como um drama do cotidiano. Imagine que o seu papel não é simplesmente um determinado momento da vida de um mané, mas que por trás dele existe uma síntese da religião, arte, moral, de ideais estéticos e sonhos filosóficos, expressada de forma artística. Se durante o trabalho sobre o papel você seguir o caminho de criação de uma parábola, o papel sempre ficará muito marcante, vívido e expressivo. Através do seu papel, será possível enxergar não apenas a história de certa pessoa, mas o significado de um mundo inteiro. Olhe as peças da Grécia, do Renascimento, do classicismo – são ótimos exemplos de papéis-mito.

Você pode contestar que, de longe, não é toda peça nem todo papel que permitem fazê-los, de acordo com as leis do mito. Sim, claro, mas falo sobre outra coisa – olhe o papel como um mito, pense em como fazê-lo de tal jeito que se ele não viver para sempre, que viva pelo menos por um tempo mais longo que a duração do espetáculo.

Questão 16:
O Que se Investiga no Papel?

Você já deve ter notado que eu substituo com frequência a palavra "interpretação" por "investigação" ao me referir ao trabalho do ator. Em outras palavras, conduzo o ator para a compreensão de que ele deve investigar o papel constantemente – durante o processo de análise na mesa e também em cena, durante os ensaios e durante o espetáculo. Digo com toda a certeza que *enquanto o ator pesquisa o seu papel, este estará vivo, a partir do momento em que lhe parecer que já sabe tudo e não há nada novo a descobrir é o fim*. Por isso, é preciso fazer tudo para continuar o processo de busca por mais tempo possível, idealmente até o infinito. Hoje em dia o que interessa em cena não é o ator-intérprete, mas o ator-investigador, descobridor. O ator que descobre o seu papel a cada dia sempre tem mais energia que aquele que a cada vez o repete.

A análise é sempre uma prática de investigação e por isso é possível olhar o papel como um experimento. Assim como os cientistas fazem pesquisas empíricas em física, química, biologia, também os autores de peças submetem os seus heróis a determinadas provas, realizam com eles um experimento. Olhe o seu papel como um experimento realizado com a sua personagem.

Antes de tudo, é preciso entender o que mais interessava o autor no material proposto. Não seriam as peças de Shakespeare um experimento sobre o Ser Humano? Macbeth é um herói? Forte e vigoroso? O melhor de todos? Vamos fazer um experimento e verificar. E ao final da experiência veremos o que é na verdade o ser humano. Lembre-se de *Retrato de Dorian Grey* – que experimento maravilhoso e cruel de Oscar Wilde.

Experimentos podem ser feitos não apenas pelos dramaturgos, mas também pelas próprias personagens. Em primeiro lugar, elas podem realizá-los sobre si mesmas. A peça *Rei Lear* começa com o experimento: "Não sou rei! Quem sou?". Em *A Gaivota*, há o espetáculo de Treplev e uma pergunta semelhante: "Sou um artista ou uma nulidade?". O próprio espetáculo de Konstantin também é puro experimento.

As personagens também podem realizar experimentos sobre outras personagens. Por exemplo, a sedução da viúva pelo assassino do seu marido, diante do caixão deste em *Ricardo III*. Ou Hamlet, que realiza um experimento chamado "ratoeira".

O ator deve obrigatoriamente ver o seu papel como um experimento na sua profissão, na sua vida. Ele precisa responder às seguintes questões: o que pretendo pesquisar no papel como um todo ou nessa cena específica? O que esse papel significa para mim como ser humano, como ator? O que posso descobrir para mim no papel?

Durante o trabalho sobre a cena ou papel, você pode investigar um tema, uma questão filosófica ou ainda a situação proposta, interessar-se pela vida psicológica do ser humano ou pela vida das palavras. Há suficientes objetos de estudo, o principal é definir qual deles é o mais importante para você em vez de misturar todos no mesmo saco.

Acho que não seria demais lembrar novamente o que a Escola diz: cada papel, cada cena, cada monólogo, ou até uma pequena frase, pode manifestar-se em três tipos de ação: em ação verbal, em ação emocional e em ação física. Em geral, elas existem simultaneamente e dispõem-se em camadas, de tal forma que uma delas prevalece sobre as outras (Fig. 6). As relações entre elas tampouco são simples – uma ação pode sustentar a outra ou, ao contrário, atrapalhar o seu desenvolvimento. O ator deve saber que essas três

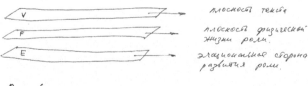

FIG. 6: *Três planos do papel: verbal, físico e expressão emocional.*

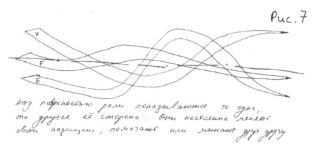

FIG. 7: *Sobre a superfície do papel surgem ora uma ora outra das suas faces. Elas sempre mudam de posição, se ajudam ou se perturbam.*

ações estão em movimento o tempo todo e trocam de lugar, de modo que a liderança passa de uma à outra. Assim, a cena se mostra ora com uma face da ação, ora com outra (Fig. 7). Se, ao analisar a cena, você sempre levar isso em conta, não vai errar e poderá determinar com precisão através de qual ação e como o papel se expressa num determinado momento. Ficará claro para você qual é o território principal da investigação e qual é o secundário. Se o importante são as palavras, é com elas que se deve ocupar em primeiro lugar; se elas não são essenciais, então é preciso investigar a camada das ações físicas ou psicológicas da cena.

Questão 17:
Que Tipo de Imagem o Papel Suscita?

Qualquer autor é um criador de imagens. Na verdade, o próprio processo de criação é, antes de tudo, criação de imagens. Você expressa uma coisa através de outra. Uma imagem é sempre uma comparação. Quem não conhece a imagem da morte criada por Shakespeare – "o resto é silêncio"? Ou, ao olhar o quadro de Brueghel, o Velho, com a fila de cegos que caem no barranco, não sente ser impossível não os comparar a nós mesmos, andando pelo caminho da ignorância. As grandes imagens, criadas por grandes artistas, são compreensíveis para todos e nunca envelhecem. Elas são uma língua especial, do mais alto nível. Por isso *a tarefa do ator é, primeiro, descobrir e coletar imagens existentes no papel, depois descobrir o seu sentido oculto e, finalmente, completar o papel com imagens próprias.* Assim, a análise será uma coleção de imagens, que pouco a pouco se ordenam no sistema do fundamento de imagens e associações do papel.

Segundo essa regra, o ator deve cercar o papel e os seus acontecimentos com uma rede de todo tipo de associações possíveis. Podem ser comparações políticas, sociais, ambientais, estéticas, sexuais e até zoológicas. É impossível enumerar todas elas. O importante é que quanto mais rico o trabalho realizado com diversas associações do papel, tanto mais ativa será a sua imaginação, maior será o número de paradoxos que você descobrirá nele, mais vivo ele será. Não faça apenas uma análise tradicional, busque também os acontecimentos, conflitos, relações, associações e sensações do papel usando todos os órgãos sensoriais. Compare a cena com uma temperatura e um estado atmosférico, com certas nuances de cor e um cheiro provocante, e você irá notar que imediatamente os seus sentidos e instintos começarão a funcionar. A busca de comparações variadas provocará o surgimento de determinadas conexões, de "nós" de sensações e significados, de toda uma rede associativa. Isso nada mais é que o primeiro passo em direção à percepção do papel, e de cada cena em particular, através das imagens.

Todas as palavras do texto do papel, todas as cenas e todos os acontecimentos estão ligados, seja por lógica, seja por associação. No primeiro caso, isso aparece como na Fig. 8, no segundo caso como na Fig. 9. Por mais paradoxal que pareça, para o ator a conexão lógica é menos estável que a associativa. Por isso, quando as palavras do texto e os acontecimentos do papel não estão ligados entre si, não obedecem a uma imagem e não se refletem no ator em múltiplas associações, muito rapidamente a análise cai aos pedaços. Você não irá longe com ela. Se, ao contrário, por trás de

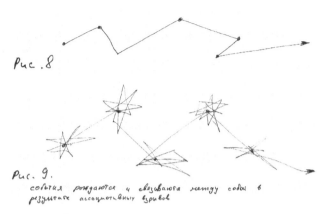

FIGS. 8 e 9: *Os acontecimentos nascem e se conectam como resultado de explosões associativas.*

cada cena, de cada palavra e cada acontecimento estiver uma imagem viva e rica em associações, o papel será para você suculento, cheiroso, saboroso de verdade, ou seja, será vivo.

O jogo preferido de Buda com os alunos era o seguinte: o Mestre dizia uma palavra e os alunos construíam uma imagem inteira com ela. Não existe prova melhor para a mente do ator, para o seu pensamento e capacidade de analisar um texto. Essas palavras e frases soltas servem de pinos para tecer todo o ornamento de imagens do papel. É como o haicai:

> *Sobre o galho nu*
> *Um corvo solitário repousa.*
> *Tarde de outono.*

Um quadro completo em apenas três linhas.
Um papel completo em apenas três frases.

Questão 18:
Como o Dramaturgo Compôs o Papel?

Defina como o autor da peça organiza a composição do papel.

- Como o papel está distribuído pelo enredo, pelos atos, pelas cenas?
- Como o dramaturgo alterna uma cena do papel com outra?
- Como começa e como termina o papel?
- Onde estão a subida e a descida do papel?
- Onde está o ápice da composição do papel?

É muito importante prestar atenção na forma como se alternam os temas, em sua ordem no papel e no lugar a que eles levam.

- Qual é o tema principal e quais são os secundários, que acompanham o principal?
- Como variam as formas de ação e de expressão do papel?
- Com que frequência e onde surgem mudanças importantes no curso do papel?
- Como o dramaturgo constrói a composição no que diz respeito ao tempo e aos lugares da ação da personagem?
- Como se alternam, nas situações e no texto do papel, o cômico, o trágico e o dramático?

Construa a ordem segundo a qual a personagem fala ou fica em silêncio, está em monólogo ou em relação direta com outros – isso também dará a você uma visão sobre a composição do papel.

É importante reconhecer não apenas as partes da composição, mas também como essas partes se relacionam, como formam um todo. Eu recomendo fazer um esquema de composição da linha da sua personagem, tal como o autor a propõe, desenhando-o em forma de gráfico numa folha à parte. Um gráfico da composição dos temas do papel, outro dos acontecimentos do papel, mais um da vida emocional e assim por diante. Desenhe-os em diferentes cores, depois junte todos num único quadro e você verá a beleza da composição.

Questão 19:
Como Você Compõe o Papel?

A criação de uma composição do papel própria é o caminho para a independência artística, que transforma o ator em autor do seu papel.

O papel é uma história, escrita pelo dramaturgo, mas contada pelo ator. O papel é uma partitura de ações, em grande parte desenvolvida pelo dramaturgo, mas vivida e sentida pelo ator. Composição não é apenas a sequência de cenas e palavras, dispostas pelo dramaturgo em determinada ordem. É a sequência de imagens, sentimentos, associações – e essa sequência pertence mais ao ator que a qualquer outra pessoa. É a composição da vida interior, espiritual do papel. Nesse caso, ela pode ser construída de todas as formas, sem quaisquer limitações. A sua composição do papel pode ser distinta da composição do dramaturgo, apesar de depender dela em grande parte.

Você deve se preocupar apenas com um tipo de questão – a sua composição trabalha ou não a favor de uma melhor compreensão do papel? Ela serve para uma melhor exposição do tema do papel ou não? Aproxima você da ideia principal ou não? Ator, diretor, dramaturgo – todos servem a uma mesma senhora: à ideia artística. Ela é a única dona e a composição do papel é feita para ela. Graças a essa composição, como por degraus, ou melhor, como por uma espiral, você deve subir o mais alto possível em direção à luz da ideia. Esse é o sentido da composição (Fig. 10).

Se você organiza a composição do papel como uma obra feita e acabada, então ela é fixada de uma vez por todas e é repetida assim. É uma criatura pronta, talvez até bela, mas morta.

Porém, se você constrói a composição em analogia à vida de um ser vivo, então ela, como tudo o que é vivo, deve nascer e morrer. Ela tem um determinado início e fim, determinada curva principal e outras curvas importantes, mas o processo de vida entre esses pontos principais não está fixado e o ator preserva a sua liberdade (Fig. 11).

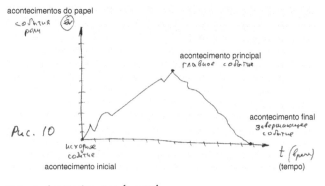

FIG. 10: *Acontecimentos do papel.*

FIG. 11: *O papel não cabe nos limites da peça. Ele é apenas um fragmento de um movimento infinito.*

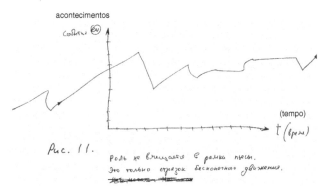

A composição do papel pode também ser vista como o fluxo da vida, como um instante da eternidade, da qual ele faz parte e a qual reflete. Nessa visão, não são fixados nem o início nem o fim. Existe apenas o movimento – não um, mas vários ao mesmo tempo. Existe a direção de cada movimento – o vetor –; existe o tempo do movimento e existe o espaço. A composição do papel é feita para continuar além das fronteiras do próprio texto, dos limites do enredo e dos muros do teatro. No lugar do ponto final existe uma propensão rumo ao infinito (Fig. 12).

A composição do papel também pode ser construída segundo as leis do universo, ou seja, para que tudo viva ao

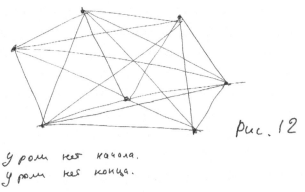

У рони кет качала.
У рони кет конца.

FIG. 12: *O papel não tem começo. O papel não tem fim.*

mesmo tempo, tudo aconteça não em clara sequência – terminar uma coisa e começar outra – mas simultaneamente, como num romance. Isso reforçará a impressão de polifonia do papel, da existência de uma lei que rege o acaso dos acontecimentos, da não hierarquização da vida dos elementos de todo o sistema.

Graças a uma composição livre dos episódios, sejam eles importantes para o movimento do enredo ou não, graças à igualdade total entre eles, a composição do papel terá a aparência de uma série de eventos não selecionados, que existem de forma independente, natural e desordenada. Deixe o insignificante existir junto com o fundamental – como algo independente, como igual. Que a tragédia exista lado a lado com a farsa, a alta poesia com a brutalidade da existência cotidiana.

Assim, a percepção interior da composição do papel é assunto seu. Ao analisar e esclarecer o que foi pensado pelo dramaturgo e expressado por ele na composição, não se pode esquecer que o ator também possui direitos autorais sobre a composição do papel.

Depois de definir o princípio da sua composição – "espiral", "senoide", "matrióschka" etc., desenhe numa folha todos os tipos e variações dessa composição. Olhe-a como normalmente um viajante olha o mapa do difícil caminho que o espera. Depois de estudar e decorá-lo, vá confiante para a cena, mas saiba que todos os mapas em certa medida mentem e que você mesmo terá que tomar decisões e constantemente corrigir a sua trilha.

Questão 20:
Qual É a Lei do Dramaturgo?

Em cada papel benfeito existe uma lei, segundo a qual o dramaturgo o construiu. Para descobrir o segredo do papel o ator deve descobrir essa lei.

Olhe para o papel que terá que fazer e você verá que a personagem está construída não de qualquer jeito, mas segundo uma determinada lei. A personagem tem suas regras para as relações com outras pessoas e consigo mesma. Seus monólogos, seu comportamento físico, a expressão de seus sentimentos, a construção linguística da fala e de cada frase, suas aparições e saídas nas cenas, tudo tem uma regularidade. Mesmo o fato de, a cada vez, isso acontecer "de outro jeito" e "diferente" denota também uma certa lei. Pergunte:

- Por qual lei se ligam as cenas da personagem?
- Por qual lei se ligam as frases dela?
- Por qual lei ela fala ou fica em silêncio?
- Por qual lei se alterna o caráter das cenas de que a personagem participa?

Existem muitas leis e por isso há muitas questões para o papel. É impossível abrir o cadeado do papel com uma única chave.

À primeira vista parece que as questões que determinam a lei do papel são muito parecidas com as questões para a definição da sua composição. Mas definir a ordem da composição não é tudo. Isso é apenas nomear a sequência das partes e a forma como elas se ligam entre si. É preciso também definir a lei segundo a qual tudo isso foi pensado, ligado e construído. Apenas quando você descobrir a lei será possível fazer o papel.

Por isso, é preciso perguntar: quais são as regras do jogo que o dramaturgo propõe? Não faz sentido começar um jogo sem conhecer as suas regras. Eu diria até que é arriscado. Primeiro, aprenda as regras e depois comece a jogar. E, às vezes, você pode até violar essas regras com prazer. Napoleão dizia aos seus soldados: "Ao visitar uma cidade, a primeira coisa a ser lembrada são as leis, segundo as quais estão dispostas as ruas. Isso lhes poderá ser útil se vocês tiverem que lutar nelas".

Questão 21:
Qual É a Lei do Ator?

Encontre as suas regras de construção do seu papel, das suas cenas, do seu jogo. *Essa lei própria definirá a singularidade da sua leitura da peça e do papel.* Ela não precisa ser demonstrada; só é preciso segui-la.

É desejável que você compreenda essa lei claramente para poder segui-la como uma partitura, mas que ao mesmo tempo essa partitura não seja visível ao espectador. É melhor que a lei do seu papel não seja compreendida e descoberta imediatamente por ele. Deixe-o entender que o papel foi feito não de qualquer jeito, mas segundo determinadas regras. Deixe que a plateia olhe o seu papel como às vezes se olha à noite o céu estrelado. Um papel criado a partir de leis labirínticas e intrincadas é sempre mágico e atrai a atenção do espectador – o caráter de segredo e a complexidade lhe dão um mistério especial. E para o ator isso proporciona sempre ousadia e energia para atuar.

É possível, e até necessário, encontrar a lei da sua interação com os parceiros e com a plateia.

É permitido violar a lei do dramaturgo ou a sua própria? Claro. Violar as regras é sempre um grande prazer.

Isso estimula os sentidos artísticos do ator, preenchendo, sempre, a sua ação com jogadas arriscadas e adaptações espontâneas. Qualquer lei é uma limitação e por isso ao criá-la o ator, mesmo que subconscientemente, sempre almeja a sua violação. Nesse desejo está a relação viva, criativa, do autor com a sua criação, a sua capacidade de improvisar, de sentir-se livre até nas leis mais rígidas.

A principal regra do violador é a seguinte: a violação só se justifica pela criação de outra lei mais perfeita. Senão, é apenas criancice, bagunça, diletantismo.

É preciso memorizar uma regra: qualquer lei do papel deve ser obrigatoriamente artística e bela. Ela deve propor em vez de proibir, abrir em vez de fechar. Isso é importante.

Questão 22:
Qual É a Estrutura do Papel?

Em primeiro lugar, é preciso dizer que compreendo a "estrutura" do papel como a qualidade dos seus materiais. A estrutura é entendida muitas vezes como composição, mas isso não é a mesma coisa. Composição é o princípio de construção de um determinado elemento, é a ligação dos seus componentes. Pode-se fazer uma coisa usando a mesma composição e materiais de qualidade distinta. O mesmo projeto de casa concebido pelo arquiteto numa determinada composição permite aos construtores fazê-la com diferentes materiais. Nesse caso, teremos distintas habitações, porque existe uma relação recíproca: a qualidade do material influi na essência da composição e no conteúdo do objeto.

Ao investigar a estrutura do papel, da cena, do diálogo, do monólogo etc. pergunte-se: que material o autor utilizou ao tecê-los? Identifique qual é a principal matéria do seu papel. Por exemplo, você vê que na criação do papel o autor usou sobretudo palavras e muitos monólogos – então você está diante de um denso tecido de texto. Ou, ao contrário, todo o papel é tecido de muitas pausas, zonas de silêncio, e tem a aparência de uma fina teia. Então, o material do papel ou da cena pode ser o movimento físico constante ou, ao contrário, eles podem ser tecidos principalmente de emoções e sentimentos.

Muitas vezes, é fácil definir logo no início a estrutura. É só abrir a peça e você vê – palavras, palavras. Um muro de palavras.

E, às vezes, é –

pausa,

pausa,

pausa...

A estrutura do papel muda com frequência e é preciso prestar atenção nisso. O papel pode aparecer como uma sucessão de materiais distintos. É muito bonito como diferentes materiais se ligam entre si. Uma ligação não tradicional, eu diria "incorreta", é um dos princípios da arte de vanguarda. É sempre maravilhoso quando, durante a atuação, o ator muda com audácia as estruturas do papel, e usa de forma variada as diferentes qualidades dessas estruturas. Por exemplo: como a vida física do papel se relaciona com a do texto – isso é uma questão de estrutura.

Não é difícil distinguir se o papel está escrito em verso ou em prosa. Mas a questão é que existem diversas estruturas de versos, e as estruturas de prosa são simplesmente inumeráveis. Por isso, o ator deve obrigatoriamente identificar as especificidades da estrutura linguística de sua personagem.

- Como ela constrói as frases?
- Como junta as palavras em monólogos?
- Qual é a quantidade de interrogações no texto do papel?
- E quantas são as exclamações?
- Quantas reticências?
- Quantas frases terminadas e não terminadas?

A estrutura de sentimentos de cada personagem é individual e distinta. Não é interessante descobrir isso ao trabalhar sobre o papel?

A estrutura é o tecido do seu papel. Pense em que estruturas o seu papel se exprime melhor – em atos, palavras, em ações físicas, no silêncio, em monólogos, diálogos etc. Isso é a investigação profissional do material, sem a qual nenhum escultor, músico, pintor ou arquiteto começa o seu trabalho. É preciso "tateá-lo", senti-lo e depois usar profissionalmente.

Questão 23:
O Que Revelam os Detalhes do Papel?

Vamos imaginar que o autor "carregou" cada frase, cada palavra, cada gesto, cada detalhe do papel com um sentido específico.

De onde vem o sobrenome Treplev? O que ele significa em russo? E por que a personagem se chama Konstantin? Porque durante toda a peça existe a questão: o que é mais importante na vida: a constância ou a capacidade de modificar-se, adaptar-se, mudar de cara em cena e na vida. Trata-se do fato de que o espírito é sempre constante, enquanto a matéria sempre muda. Isso aparece no monólogo de Nina "Homens, leões, águias e perdizes...".

Ou, por exemplo, na primeira cena de *A Gaivota*, a personagem Medvedenko fala sobre o seu salário de 22 rublos. Você deve imediatamente perguntar-se por que não 23? O que significa esse número? Talvez ele não signifique nada. Pode ser simplesmente que esse era o salário real de um professor naquela época. Mas nós devemos nos perguntar isso. E se nesse ponto houver uma chave?

- Por que esse nome foi dado à personagem principal?
- Por que foram escolhidas estas situações e estes lugares de ação?
- Qual é a quantidade de personagens?
- Qual é a quantidade de atos?
- Qual é a quantidade de cenas?
- Qual é a quantidade de frases?

Às vezes, você vai encontrar um significado específico nessa aritmética. É preciso contar tudo e supor que a menor vírgula tem um sentido profundo. Não se canse de torturar-se, perguntando por que isso é assim e não de outro jeito. Imagine que o autor sabia exatamente por que isso deve ser escrito justamente dessa forma. Imagine que ele pensou e calculou tudo. Para dezenas de suas questões surgirão centenas de respostas e apenas uma será útil. Mas essa única resposta pode determinar o sucesso do seu trabalho.

Claro que nem sempre o próprio autor poderia justificar um ou outro detalhe na sua peça, porque ele fez isso subconscientemente, usando a intuição. Mas, de qualquer modo, ele fez isso. Então, é preciso analisar o trabalho do seu subconsciente. O ator deve interessar-se pelo processo de escrita do papel, processo que sempre está na fronteira entre o irracional e o racional. Se descobrir essa fronteira, você será capaz de revelar aquilo que a ideia mesma escreveu "usando a mão" do autor. O que ela quis dizer? Sempre há uma resposta e é preciso buscá-la.

Questão 24:
Quais São as Ações Práticas do Papel?

Com certeza você conhece a expressão "Julgue a pessoa pelos seus atos". Não por aquilo que ela diz ou sente, mas sim por aquilo que ela faz. Com frequência, criamos a imagem da pessoa pelas suas palavras e depois de um tempo mudamos essa imagem com base em seus atos. Tome, por exemplo, Verschinin, de *As Três Irmãs* – quantas belas palavras ele disse, mas o que foi que ele fez na prática? Assim, *tente confiar, antes de tudo, nos atos concretos da personagem e com eles criar a linha do papel, que tem exatamente esse nome: linha das ações práticas.* Compare:

- O que a personagem diz?
- O que ela planeja?
- Como realiza seus planos?
- Qual é a linha de seus atos, ou seja, qual é a composição de suas ações práticas? Em que consiste a lógica ou o paradoxo dessas ações?
- Qual estratégia e tática podem ser notadas aí?
- Qual é o plano construído?

Não se canse de perguntar ao papel.

Às vezes, a personagem não planeja uma determinada ação e, no entanto, ela acontece, como se a mão da providência obrigasse a personagem a fazê-lo. Você se lembra que, segundo o texto, Solióni não planeja matar Tuzenbakh?: "Eu vou me permitir pouca coisa, vou apenas acertá-lo, como uma galinhola", diz ele. Ele dispara e o tiro atinge diretamente o coração do amigo. Ou, às vezes, a personagem diz algo "para falar bonito", e o dito torna-se realidade, um ato concreto, parte da vida. Por exemplo, Nina Zarétchnaia na cena do segundo ato com Trigorín afirma:

> Eu suportaria qualquer coisa pela felicidade de ser escritora ou atriz, suportaria o desprezo das pessoas próximas, a miséria, a

decepção, eu moraria num sótão e comeria apenas pão de centeio, sofreria com o descontentamento comigo mesma, com a consciência das minhas imperfeições...

Tudo acontece exatamente assim, independentemente dos desejos e planos da personagem.

Portanto, absolutamente tudo o que de fato ocorre com ela é um material importante, que o ator pode usar para julgar o seu papel.

Questão 25:
O Que Não Foi Realizado Pela Personagem?

A expressão "julgar o papel", que usei acima, não pode ser entendida como um julgamento da personagem num tribunal. Não gosto das expressões "o ator é o procurador do papel" ou "o ator é o advogado do papel". Como diz a expressão: "não julgues e não serás julgado". A análise não é uma apuração de fatos feita por um detetive. A análise é uma investigação baseada na fé na personagem.

É imprescindível compreender a vida do ser humano não apenas pelos seus feitos práticos, mas também pelos sonhos, planos, por tudo aquilo que ele concebeu, o que quis mas por diversos motivos não fez, não expressou. Existem inúmeros exemplos disso na vida e na dramaturgia. Não é correto julgar a personagem apenas pelo que ela fez, disse, mostrou, já que muita coisa permanece não realizada. E isso exige uma análise própria, uma linha própria da vida do papel. O que a personagem poderia ter feito, mas não fez? Talvez essa análise lhe pareça frouxa e indulgente, mas na verdade ela pode ser muito dura. Muito mais dura que o claro pragmatismo da regra anterior.

O que você poderia tornar-se, mas não se tornou? O que você tinha a obrigação de fazer, mas não fez? No segundo ato de *As Três Irmãs*, na cena com Ferapont, Andrei compara os seus sonhos à realidade:

Como a vida muda estranhamente, como ela nos engana! Hoje, de tédio, eu peguei esse livro – as antigas anotações da universidade e me deu vontade de rir... Meu Deus, eu sou o secretário do conselho distrital, daquele conselho em que Protopópov é o presidente, eu sou secretário e a maior coisa que posso esperar é ser um membro do conselho distrital. Eu ser um membro do conselho distrital daqui, eu, que sonho toda noite que sou professor na Universidade de Moscou, um estudioso famoso, orgulho de toda a Rússia!

Por que você não disse aquilo que esperavam de você, aquilo que deveria dizer? Por que Lopákhin, de *O Jardim de Cerejeiras*, tendo um minuto antes prometido pedir Vária em casamento, não o faz?

São questões angustiantes para cada um nós e para cada papel. As personagens de Tchékhov as fazem com frequência. O velho Sórin, no quarto ato de *A Gaivota*, ironiza sobre a sua vida não realizada:

> Quero dar a Kóstia um enredo para uma novela. Ela deve se chamar assim: "O Homem Que Queria". "L'homme qui a voulu". Na juventude, há muito tempo, eu queria tornar-me escritor – e não me tornei; queria falar bonito – e falava terrivelmente (*parodia a si mesmo*) "e isso e isso assim, aquilo, não aquilo"; e às vezes você arrasta um resumo, arrasta, começa até a suar; queria casar – e não casei; sempre quis morar na cidade – e agora termino a minha vida no campo e ponto [...]

Graças a tais questões surge a possibilidade de comparar duas vidas de sua personagem – uma, que "poderia ser", com a outra, que realmente aconteceu. Usando essa comparação o ator pode juntar muito material para o papel. Existe aí uma energia enorme; podem ser descobertos sentimentos fortes e contraditórios, surgir avaliações inesperadas, pode aparecer a possibilidade de enxergar um acontecimento lá, onde à primeira vista ele era invisível.

Questão 26:
Quando o Papel Fica em Desequilíbrio?

Procure o ápice da vida da sua personagem. Quando ela se encontra numa situação de estresse? Onde está para ela o lugar do "limite"? O que acontece com ela no momento de uma grave crise? Crise sempre é um bom teste para a resistência de alguém, nela refletem-se todas as qualidades da pessoa. Crise é a prova da vitalidade de suas ideias, do nível dos seus conhecimentos, da sua força de vontade, intuição etc.

Na *Bíblia*, há muitas "provas" assim. Basta lembrar o mito de Abraão, a quem pediu-se que comprovasse sua fé matando o próprio filho. Nas escolas da Grécia antiga, o local dos exames era um labirinto. O labirinto é aquilo que, em certa medida, reflete as principais peripécias da vida de um ser humano, por isso ele foi escolhido como exercício. Lá se treinava a resistência do aluno, a sua capacidade de conservar a firmeza em situações críticas da vida. Sem nenhuma explicação prévia, os professores deixavam o aluno entrar nesse labirinto e vinham lhe ajudar apenas numa situação extrema. Em busca de uma saída, o aluno estudava por si mesmo as leis de construção do labirinto – conhecia a vida através da própria experiência. Era precisamente numa situação crítica, no seu ápice, que a sua capacidade era testada. A crise permitia ao aluno revelar todos os seus talentos ocultos, fazer descobertas inesperadas. A crise e a subsequente catarse – assim era entendido o caminho em direção ao conhecimento.

Normalmente, também na vida da personagem, antes de um acontecimento significativo que muda a sua vida, que lhe revela a verdade, surge uma situação de choque, um forte estresse, uma crise espiritual. Nesse momento, é como se o papel virasse do avesso e transcendesse a peça. Sobrevivem os mais fortes, morrem os fracos – pessoas, ideias, sentimentos, e assim por diante. Lembre-se da crise de todas as personagens durante o incêndio, no terceiro ato de *As Três Irmãs*. Quantas descobertas acontecem com cada personagem. Caem as máscaras, e os rostos expostos se iluminam com o fogo interior, movidos pelo estresse. Os papéis "explodem" – uma confissão segue a outra, é dito aquilo que sempre se silenciou, é cometido o que sempre esteve proibido. Amanhã começará um outro dia e tudo será diferente, mas no momento do estresse num segundo se revela toda a vida oculta da personagem.

Nessa peça, há uma réplica curta de uma personagem que é não tão importante, Kulíguin. Ela surge aparentemente sem nenhuma razão, mas a razão é a mesma para todos – o estresse do incêndio noturno. Kulíguin diz a Olga: "Muitas vezes, eu penso: se não fosse a Masha, eu me casaria com você, Óleschka…" É nesse momento de estresse que o papel se revela.

Você sabe como se reproduzem as sequoias – árvores que vivem até dois ou três mil anos? Elas se reproduzem apenas em situações extremas. A semente da sequoia se abre apenas com temperaturas muito altas. Um incêndio é um choque para toda a floresta, um estresse mortal para a árvore, mas graças a esse estresse se desencadeia o acontecimento principal – surge uma nova vida. Não precisamos falar de árvores: compare a si mesmo numa noite com febre e delírio, quando parece que a doença o devora, às suas sensações na manhã seguinte. Parece que você nasceu outra vez, começou tudo de novo e já é como outra pessoa.

Caso a vida da personagem não tenha situações de choque semelhantes, ela não se desenvolve, não dá frutos, não se move para frente, mas fica parada como uma esfinge egípcia.

Pergunte ao papel:

- Onde o "pião" sai do seu eixo?
- Onde o material do papel se retesa?
- Onde ele se rompe?
- Onde a massa de palavras ou de ações torna-se crítica e leva à explosão?

Procure aqueles lugares onde o papel chega ao limite, se equilibra nessa linha ou a atravessa. Se a situação de estresse não está escrita e não é sugerida pelo autor, é preciso conscientemente pôr a personagem numa situação estressante. Isso se faz através da análise e da fantasia próprias. Se você realmente gosta da sua personagem, não crie para ela uma vida confortável e calma. Como diz a expressão: "na adversidade conhecemos os nossos amigos". Isso vale também para o papel. A personagem se revela na crise.

Questão 27:
A Que Se Compara o Papel?

As comparações aumentam a nossa informação sobre o mundo. Ao comparar dois objetos entre si, ampliamos o nosso conhecimento a respeito de cada um deles. Mas o mais importante é que a comparação sempre dá energia. Por isso, pergunte-se: "o que pode ser comparado com que na peça?".

Em primeiro lugar, pode-se comparar uma peça a outra. Às vezes, os autores nem escondem esse fato. Por exemplo, é evidente que *A Gaivota*, de Tchékhov, reflete *Hamlet*, de Shakespeare. É possível até comparar uma cena com outra – "Gertrudes e Hamlet" com a cena "Arcádina e Konstantin". Ponha as cenas lado a lado e compare suas composições, estruturas, seus conteúdos e, com isso, você poderá descobrir muita coisa.

Em seguida, é importante fazer comparações dentro da peça. Coteje um ato com outro. Em que eles se parecem e se distinguem? Se no início do primeiro ato de *A Gaivota* ouvimos o som de martelo atrás do palco e o ritmo desse som é enérgico, otimista, um som que prenuncia algo novo, no início do quarto ato também surgem batidas. Mas agora é o vigia que agita o seu chocalho, e esse som é monótono, repetitivo, ele cria uma atmosfera funesta de cemitério, de enterro.

O primeiro ato começa com a cena de Mascha e Medvedenko e é deles também a cena no início do último ato. As personagens são as mesmas, mas o que mudou?

É sempre importante comparar as primeiras e as últimas frases da peça. No início, ouvimos a pergunta: "Por que você anda sempre de preto?" e no fim a resposta: "Acontece que Konstantin Gavrílovitch se matou...".

Coteje o início do papel com o seu final, a primeira réplica com a última, a primeira e a última aparição da personagem. Compare o seu papel com outro papel na mesma peça ou numa outra, do mesmo autor ou de outro. Compare as situações do seu papel com as situações de outro papel, com um comportamento idêntico ou absolutamente diferente.

Compare tudo o que você puder colocar "na balança" ou "diante do espelho" – a atmosfera, estrutura, partes da composição, palavras, sentimentos, estilos, imagens. Isso lhe dará material para sentimentos, para a definição de ações e para o voo da sua imaginação.

E finalmente compare o teatro com a vida. Isso também lhe dará motivos para uma séria reflexão sobre o papel. E não apenas sobre o papel.

Questão 28:
Qual É a Música do Papel?

Com esta pergunta, *eu recomendo olhar o papel como uma obra musical, procurar a analogia do papel a uma forma musical – fuga, sonata etc.*

Devido à própria natureza da música como a mais abstrata das artes, essas formas são muito mais definidas e rígidas que as teatrais. Por isso, a projeção de formas musicais sobre as dramáticas pode, em muitos casos, ajudar o ator a esclarecer a organização formal de uma ou outra cena e de todo o papel. Não é raro que o conhecimento dessas conexões formais entre as duas artes abra pontos de vista e caminhos inesperados para a solução de problemas artísticos.

Imagine que o seu papel começa com potentes fanfarras e termina com uma única nota que se repete. Ao olhar o papel através do prisma da música, você compreenderá que ele pode marchar ou valsar, seus monólogos podem soar como árias de ópera e os diálogos podem sapatear. Eu afirmo que cada papel benfeito é musical. Verifique e você vai se convencer disso.

A musicalidade está na base de qualquer ação, de qualquer acontecimento nesse mundo, logo, ela deve também existir na arte. A composição e estrutura do papel podem ser musicais como o ritmo da batida do coração, como a aurora e o pôr do sol, como o marulho. Diz-se sobre uma obra de arquitetura ou escultura que são "música petrificada". A pintura nada mais é que pura música. Os romances de Lev Tolstói são sinfonias. O papel também deve ser impregnado de música. O monólogo "Ser ou não ser" não é musical? E também o final de *As Três Irmãs*, com os motivos que se repetem, executados por diversas vozes como se fossem instrumentos de orquestra, é um verdadeiro acorde final.

Olhe os acontecimentos do papel como acordes, a atmosfera da cena como uma tonalidade musical, as palavras como notas e a frases que elas compõem como frases musicais. Tome por exemplo o monólogo de Nina "Homens, leões, águias e perdizes..." – isso não é música?

Mas leve em conta que a música do papel é o reflexo dos ritmos vitais deste, e não a ilustração de seus sentimentos. Escute com atenção e você ouvirá a sua música, suas pausas, suas variações melódicas – temas, síncopes, tempo-ritmos – *allegro*, forte, piano, *staccato* e assim por diante. Isso não é complicado. A própria composição do papel, a construção de suas frases, a sequência dos acontecimentos, a duração das pausas lhe indicará a sua musicalidade. É preciso apenas prestar atenção nisso. E se você não tem formação musical suficiente, pergunte a um profissional.

Depois, você pode elaborar uma partitura do papel feita como uma montagem musical. Dessa forma, você pode atuar e ensaiar sentindo a musicalidade do papel.

Questão 29:
Em Que Consiste o Enigma do Papel?

Dizem que a vida é uma série de charadas e mistérios inexplicáveis e que, em grande parte, a energia da nossa vida está contida no desejo de solucioná-los. A mesma coisa acontece com o papel. *Para preservar o interesse no papel por um longo prazo, é preciso fazer tudo para mantê-lo em constante tensão, como a corda de um arco. A série de enigmas criados no papel – seja pelo dramaturgo, seja pelo ator – pode em certa medida ajudá-lo nisso.*

Antes de tudo, quem precisa da charada é o próprio ator, porque sendo aquele que a guarda, isto é, aquele que propõe a charada, ele sempre tem a iniciativa do jogo, mantém uma posição ativa. Ele possui uma pergunta, um segredo, um mistério – isto é, ele tem energia. Uma charada por si só já é energia para aquele que a propõe e para aquele que a adivinha. Por isso, as charadas do papel transformarão você num "jogador" ativo e o espectador, de um observador, passará a ser um parceiro ativo no seu jogo.

Em segundo lugar, as suas charadas são importantes para os seus colegas – no jogo coletivo, você será sempre um parceiro difícil de prever e, portanto, desejável.

Em terceiro lugar, a charada é importante para o público – isso dará interesse ao seu papel, à personagem que o espectador desejará desvendar de qualquer jeito. Leve em conta que, a partir do momento em que não houver mais mistério para você, o espectador perderá imediatamente o interesse pela sua personagem. Essa lei vale tanto na vida quanto em cena. É preciso descobrir ou inventar para o seu papel um segredo que possa transformar toda a plateia de "observadores" em "desvendadores". Os atores com frequência cometem o erro de tentar mostrar ao espectador tudo o que conhecem sobre o papel. Eles têm medo de não serem compreendidos. Mas não se deve explicar constantemente ao espectador tudo de um ponto a outro. Pelo contrário, uma pergunta deve surgir e permanecer na plateia o maior tempo possível. Assim que ela for solucionada, imediatamente outra deverá surgir em cena.

Você sabe que qualquer tensão, em geral, surge por conta da criação de movimentos opostos. Se no papel um movimento faz as charadas e cria os mistérios, outro deve afastar, confundir o sentido, esconder a solução. Esse movimento deve também desvendar o mistério, mas imediatamente passar a iniciativa ao primeiro, que propõe uma nova série de charadas. Papéis e espetáculos encantam com os seus segredos, não com as suas explicações. Isso é importante tanto para o espectador como para o ator.

No início da minha carreira de ator, durante os espetáculos chatos com os quais estávamos entediados, eu junto com os meus jovens colegas brincávamos, propondo ao espectador "charadas" bestas. Por exemplo, alguém trazia para a cena um pequeno embrulho, amarrado com uma corda, e depois levava-o embora. O espectador notava isso. Depois de um tempo, o embrulho surgia numa outra cena – o espectador ficava perplexo e esperava a solução. Nada acontecia. Mais adiante, o embrulho parava nas mãos de uma terceira personagem. O espectador concentrava-se totalmente nesse pacote e esquecia em absoluto a peça. Mas o espetáculo acabava e nós não dávamos a resposta. Essas brincadeiras terminaram mal – um de nós foi despedido.

Com certeza, você entende que dei esse exemplo para afastá-lo de uma compreensão simplória de "charadas cênicas". Elas não são um truque, não são uma brincadeira, mas um dos elementos importantes da construção do papel. Fiódor Dostoiévski dizia: "não tente explicar até o final, por meio das palavras, a ideia dominante, ao contrário, deixe que ela persista como enigma". Claro, no fim do papel o mistério pode ser revelado. Mas, ao mesmo tempo, o papel não deve garantir à plateia que no final tudo será esclarecido. O papel pode propor uma charada e tem todo o direito de deixá-la sem resposta. Nós devemos levar em consideração o estranho fato de que os mistérios vivem mais tempo e interessam muito mais às pessoas do que as respostas incontestáveis que explicam tudo com exatidão. Isso é um paradoxo da Vida – todos querem descobrir o seu segredo, mas ninguém tem pressa em fazê-lo.

Questão 30:
Quais São os Erros e as Mentiras do Papel?

Isso é mais uma questão de energia e mais um paradoxo – a energia da verdade é muito menor que a energia da mentira.

Experimente analisar o papel partindo do princípio "tudo ao contrário" e você o achará mais interessante que fazendo tudo "como na vida". *Durante a análise, cometa conscientemente alguns erros.* A matemática superior frequentemente utiliza na fase de diferenciação (análise) o "método dos erros", os quais que desaparecem por si mesmos durante a integração.

A questão é que o processo de criação de uma obra de arte possui três fases – a imitativa (como na vida), a paradoxal (contraposição à vida) e a que une as duas. Em geral, no começo se copia a vida, depois se entra em discussão com ela e finalmente há uma reconciliação. O mesmo acontece durante a análise do papel:

a. a primeira etapa é a infância – *a tese*: o ator imita o papel, ele é como uma criança que acredita em tudo e tenta copiar e ilustrar tudo. Ele procura estar mais perto do dramaturgo, ouve-o e segue as suas indicações;
b. a segunda etapa é a da juventude – *a antítese*: existe o desejo de fazer tudo ao contrário, não da forma como é sugerido. O ator começa a discutir com o autor, traz uma concepção própria – é o período do paradoxo no trabalho analítico.
c. a terceira etapa é a adulta: o ator seleciona o melhor da primeira e da segunda etapa e une isso num todo contraditório. O papel resultante é a soma do a + b = c: *a síntese*.

A regra do "erro" se refere ao segundo período e só faz sentido quando houve a primeira etapa e haverá a terceira.

O "erro" deve ser entendido como um determinado jogo realizado durante a análise. Quando em cena o ator leva em conta esse jogo, a sua atuação lembra um salto de paraquedas. Se o ator não consegue corrigir o erro que ele cometeu conscientemente, se não consegue reverter o movimento do papel, revelar a mentira proposital e mudar abertamente de opinião sobre a personagem, o paraquedas não irá se abrir. O papel cai e se espatifa. Não é um jogo arriscado? Mas é precisamente o risco que traz energia ao ator.

Experimente direcionar de propósito o papel para um lado e depois mudar bruscamente de direção. Mostrar uma face da personagem e depois revelar outra e mais outra, até aparecer a verdadeira – a que não tem maquiagem. Experimente propor ao papel várias possibilidades de desenvolvimento – várias análises e pontos de vista –, experimente propor ao espectador uma opinião sobre a sua personagem e depois mudá-la com a mesma convicção. Graças a esse jogo, você afastará o papel dos clichês contemporâneos – isso só pode ser "assim" e aquilo "dessa forma". No mundo ao nosso redor, além das regras existem muitas exceções, ou seja, "erros". É por isso que o mundo surge diante de nós tão diferente, complexo e ... humano.

A presença do erro tornou-se hoje em dia o signo do humano na criação de uma determinada coisa. Cometer erros é característico do ser humano, não da máquina. Hoje, na arte, um erro tem muito mais valor que a qualidade superior da produção fabril. Esse é o paradoxo.

Meus antigos professores ficaram chocados quando um dos meus colegas propôs fazer a Raniévskaia, de O Jardim de Cerejeiras, *grávida! "Ela estava até agora com o amante – isso é bem plausível", dizia ele. Nós ríamos de tal solução para a personagem. Mas ele e a sua atriz demonstraram, na cena criada por eles, que tal erro é aceitável. Ele não se ocupou com a ilustração da proposta, mas a incluiu na análise do estado emocional do papel. Graças a isso foi descoberto mais um motivo para a venda da propriedade – o desejo de começar uma vida nova.*

No primeiro ato de *As Três Irmãs* é possível cometer o seguinte erro: deixar Verschinin começar um romance com Olga – na peça existem circunstâncias para isso. E depois, no segundo ato, sem preparo, jogar a personagem e Mascha nos braços um do outro, fazendo o seu comportamento também como um erro. No quarto ato, os três se encontram – vítimas dos erros.

Mesmo numa história como *Romeu e Julieta*, cujas peripécias qualquer aluno de escola conhece, pode-se "erroneamente" fazer o encontro de Julieta e Paris como uma cena de amor forte e sincero. Isso é plausível – ele é um homem adulto e bonito e ela há tempos está à espera de emoções fortes. Mais tarde, de repente, o ponteiro da bússola do coração vira em direção a Romeo, um garoto quase da mesma idade, que talvez nem seja bonito –, aqui temos um erro trágico.

Em Shakespeare, com frequência, repete-se a seguinte imagem: "a cegueira é o caminho para a visão". Assim também é possível revelar a verdade do papel através da mentira, do engano; chegar à verdade através dos erros. Não importa que no início nada seja claro – a escuridão, o caos –, mas o papel começa aos poucos a mover-se e surge a esperança e depois a certeza de que esse é o caminho certo. Inesperadamente, tudo se rompe e novamente estamos num impasse. Tudo estava errado. O que nos guiou foi um "erro" e é preciso começar tudo de novo. Nesses momentos, começa a fazer efeito a regra da "crise", do "estresse". Leve em conta que a ela se chega precisamente graças ao erro. Sem cometer um erro você não chegará à crise e sem chegar à crise não acontecerá a catarse, a revelação. Parafraseando Tchékhov pode-se dizer que o papel é uma coleção de todo tipo de erro e despropósito.

Ficar de ponta-cabeça e olhar assim o seu papel não é difícil. O mais importante é não esquecer que todas as fantasias livres, admitidas durante a análise, não devem ser ilustradas diretamente. Todos os erros admitidos enquanto suposições, como um impulso para reflexão, como uma provocação dos sentidos, servem para novas descobertas no papel. Sobretudo para isso.

Nos primeiros anos da minha prática teatral, eu fiz uma montagem de Romeu e Julieta *com atores velhos. Romeu tinha 75 anos e Julieta estava perto disso. Eles atuavam com o tema do amor literalmente morrendo em cena. Isso também foi um "erro", já que a peça é sobre jovens, quase crianças. Mas graças a essa incorreção descobri muitas coisas novas nessa peça. Às vezes, eu penso que o erro é o melhor mestre para o investigador.*

Sem erros e sem a mentira lúdica você irá criar um papel correto, eu diria até dietético, mas nada saboroso. Entender a análise do papel apenas como a sua desconstrução lógica, longe de estar sempre certo é pouco produtivo e sobretudo não artístico. Se na vida cotidiana a manutenção das regras é obrigatória e indiscutível, no teatro pode acontecer o contrário: é precisamente a violação das regras que se torna muitas vezes a culminação do sentido do espetáculo e do papel. Na arte, com frequência, criam-se regras que depois são transgredidas, mas esse privilégio é dado apenas aos verdadeiros artistas.

Questão 31:
Quais São os Paradoxos do Papel?

Eu recomendo aos atores que procurem na peça e construam nos seus papéis ligações paradoxais de pensamentos, sentimentos, acontecimentos, comportamento, imagens, associações e situações.

O paradoxo sempre propõe olhar a vida de uma perspectiva incomum. Ele ajuda a afastar-nos dos clichês prontos. A vida é cheia de paradoxos e talvez nisso consista a sua beleza especial. Com frequência, queremos trazê-la a uma ordem determinada e explicável, mas ela própria nos oferece muitos paradoxos que são impossíveis de entender. Pode-se ter medo deles, não querer notá-los, até não gostar deles, mas não se pode deixar de levá-los em conta. E pode-se simplesmente adorá-los, como fazia Oscar Wilde, afirmando que o paradoxo é a principal lei da vida. Preste atenção na opinião desse artista único e olhe a vida da peça como uma reunião de paradoxos. Com certeza, você os notará imediatamente. Eles afastarão a sua análise do caminho lógico simplista, darão uma nova sonoridade ao papel como um todo, às suas partes e às frases separadas.

Reexamine as peças de Shakespeare – elas estão cheias de paradoxos. Neles se baseiam os enredos das cenas, a filosofia dos papéis, o conteúdo dos diálogos. Não é sobre os paradoxos da vida que falam nos seus monólogos Macbeth, Hamlet, Otelo, Romeu, Petrúcio, rei Lear, todos os bufões? Na dramaturgia do século xx, o paradoxo torna-se quase a principal característica da modernidade. Masha não gosta do pai, e sim de Dorn, o amante da mãe; Arcádina na qualidade de mãe está numa luta implacável com o próprio filho – esses são os paradoxos de *A Gaivota*. Os papéis de Tchebutíkin, em *As Três Irmãs* e de Scharlotta, em *O Jardim das Cerejeiras* são construídos antes de tudo sobre a prova de que o paradoxo é a principal regra da nossa existência. Releia as peças de Beckett, nas quais o paradoxo é elevado ao seu grau máximo – até o absurdo –, e a própria lógica torna-se uma nova espécie de paradoxo.

Mesmo que você não veja um paradoxo nas palavras do texto ou nas situações da cena, fantasie um pouco e invente-o para incluir no sistema de construção do papel. Garanto que isso só trará benefícios a ele. Primeiro, porque o paradoxo contém a energia que surge da junção de elementos incompatíveis, da união dos contrastes. Segundo, o paradoxo será o melhor remédio contra uma linha simplista de emoções e o pensamento lógico no papel. Você há de concordar que em

As Três Irmãs é mais vantajoso, para os atores, jogar no primeiro ato que Tuzembakh e Solióni são amigos e não rivais. Assim, no final "o assassinato do amigo" será um paradoxo da vida, e não uma conclusão lógica da inimizade de dois rivais.

Hoje, em todas as esferas da vida, a lei do paradoxo já está incluída em pé de igualdade com as outras leis da existência e, portanto, o ator não pode deixar de levar isso em conta durante análise do papel. Ele deve se perguntar: o que significa o paradoxo do meu papel?

Questão 32:
Qual É a Relação Com a Plateia?

É preciso não apenas analisar o texto da peça, como também levar em conta os atores com os quais você irá trabalhar e a especificidade do teatro no qual você trabalha. Já falamos sobre isso na pergunta "O Fundamento do Papel". *Mas, para o ator, é importante pensar também nas relações do seu papel com a plateia. Essa pergunta não é a principal, no entanto ela é importante e deve ser levada em conta na análise do papel.*

Da mesma forma que o diretor deve ocupar-se com a direção da plateia, prever as suas reações, conduzi-la, afastá-la, confundi-la e trazer-lhe o final desejado, o ator também deve compreender o seu papel como um condutor do espectador à ideia principal. É preciso propor ao público que ele siga com você o longo e tortuoso caminho em direção ao cume do papel. Não é um seduzir barato do público pela sedução em si, pelo desejo de ter prazer com a própria coragem de atravessar a fronteira entre o palco e a plateia. Não, isso deve ser um plano pensado de antemão, a partir de todo o labirinto de acontecimentos que o espectador deve atravessar, para passar pela catarse junto com você e descobrir a mesma coisa

Por mais que isso possa ferir a vaidade do ator, é preciso reconhecer que os espectadores vão ao teatro não para assistir ao jogo do ator e sim para eles mesmos jogarem. Eles estão prontos para pagar para não ter de subir no palco e poder permanecer numa poltrona confortável, mas eles jamais abrirão mão do prazer de jogar junto com você. O ator deve estar ciente desse fato e saber usar isso. Apenas jogando com o público você pode se tornar seu parceiro, seu condutor à ideia principal. Fazendo o jogo de atuação junto com o espectador você merecerá a sua confiança, ele começará a ouvi-lo. Se você conseguir preparar ciladas para o espectador, propor-lhe charadas, inventar para ele papéis especiais e jogar com ele – o espectador será "seu". Em caso contrário, culpe apenas a si mesmo.

Como a sua personagem irá se apresentar pela primeira vez? Qual será a primeira impressão que ela deixará? É possível brincar com isso, mudar essa impressão e depois voltar a ela. Pense, quando a sua personagem coloca uma máscara, e esconde o rosto daqueles que estão em volta, e quando permanece tal qual é – sem maquiagem. A sua ligação com a plateia pode ser aberta ou escondida. Você pode se aproximar do espectador, confiando-lhe as palavras e os pensamentos mais íntimos, ou se fechar e se afastar dele. A ligação com a plateia é tanto o estilo de comportamento, como o caráter da relação, como a estratégia de jogo.

Questão 33:
Quais Sistemas de Duplos Existem no Papel?

No cabaré, no teatro de entretenimento, se veem com frequência pares especiais de atores que existem nos chamados "sistemas de duplos" – o gordo e o magro, o bom e o malvado, o alto e o baixo. No circo, o palhaço ruivo e o branco; Arlequim e Pantalone, no teatro de *Commedia dell'Arte* e assim por diante.

Na vida, encontramos esses sistemas duplos em todo lugar – dia e noite, terra e céu, homem e mulher, verão e inverno – eles estão ligados um ao outro e na verdade representam uma união dialética, apesar de poderem existir separadamente. No nosso planeta existem lugares que estão em diferentes hemisférios, mas têm quase as mesmas condições de vida, tradições, os mesmos rituais.

Na peça, existem personagens, cenas que parecem estar ligadas por fios especiais, complementando-se, opondo-se ou refletindo-se uma na outra. Na dramaturgia, existem muitos pares assim. Por exemplo, Tréplev e Trigórin – esse par pode ser definido de vários modos: "jovem e velho", "vanguardista e conservador", "amador e profissional" etc. Da mesma forma, existem os pares Arcádina e Zarétchnaia, Solióni e Tuzembakh, Banquo e Macbeth. Essas personagens estão ligadas umas a outras e existem conjuntamente, mas de diferentes lados do espelho. Pode haver um diálogo entre elas, mas pode acontecer que as partes do sistema de duplos nem sequer se encontrem. Isso contribui para a criação de uma tensão ainda maior entre elas.

Os pares citados como exemplo são claros e fáceis de encontrar. Mas para uma análise mais ampla você mesmo pode criar tais sistemas de duplos. Macbeth e Duncan são "rei e súdito", "pai e filho", "general e soldado", "assassino e vítima" etc. As posições dentro do sistema podem reverter-se de acordo com a necessidade e o conteúdo da cena. Tais pares criados por você não devem ser temporários, mas sim vínculos de longa duração nas coordenadas de todo o espetáculo, influenciando ativamente as ações um do outro. A partir desse vínculo pode-se dizer que Macbeth matou Duncan, mas Duncan também matou Macbeth, no sentido de que o assassinato do rei mata Macbeth espiritualmente.

"Espelho" ou "vasos comunicantes" ou "eco" são diferentes espécies de sistemas de duplos, cujas regras podem ser usadas na análise. Leia o conto "O Duplo", de Dostoiévski. Você verá como uma vida, uma energia, uma história são divididas em duas. A sua compreensão do papel será mais ampla se você encontrar um "duplo" para o seu papel.

Podem servir como exemplos de sistemas de duplos entre cenas os seguintes vínculos: no primeiro ato de *A Gaivota*, a imagem do "nascimento do teatro" e, no último ato, a imagem do seu esqueleto deteriorado, da "morte do teatro". No primeiro ato de *As Três Irmãs*, "a primavera", no último, "o outono". Compare a primeira cena de Nina e Konstantin e o seu último encontro.

O sistema de duplos pode estender-se a grupos de personagens, por exemplo, três homens – Verschinin, Tuzembakh e Solióni e três mulheres – Mascha, Irina e Olga. Nessa peça, há muitas personagens e muitos pares, mas de qualquer forma existe o jogo entre esses dois grupos. Durante a análise você também pode fazer uma pergunta semelhante: a qual grupo pertence o meu papel?

Preste atenção no fato de que na peça existem frases e palavras soltas, que ecoam as palavras e as expressões do seu papel. Ou seja, uma ou outra personagem usa os mesmos pensamentos e até as mesmas frases, concordando com elas, parodiando-as ou negando-as totalmente.

Os sistemas de duplos podem surgir também na sua imaginação fora dos limites da peça. Três irmãs – três virtudes: Fé, Esperança e Amor; três irmãs – três bruxas de Macbeth. Tchékhov claramente escreveu *A Gaivota* num sistema de duplos com *Hamlet*, de Shakespeare. Quaisquer sistema de duplos, tal como "mais e menos", sempre têm energia. Eles expandem as margens do papel, provocam comparações, aproximam o seu papel do nível do romance, eliminam o perigo da exposição do papel em linha única.

Questão 34:
Sobre o Gene do Teatro no Papel

Eu notei que muitas peças foram escritas sobre o Teatro. Não no sentido literal, mas como se estivessem refletindo a sua vida, as leis e regras que existem nele. Muitas vezes, o dramaturgo faz isso inconscientemente. A sua experiência teatral se revela por si mesma nas situações da peça, nas suas personagens. Essa transmissão acontece em nível genético, da mesma forma como os genes do pai passam ao filho.

A maioria dos dramaturgos escreveu para um tipo concreto de teatro, para um determinado nível de pensamento artístico, para um diretor ou ator real. O dramaturgo, em geral, sempre imagina a sua peça cenicamente – a aparência que ela terá, como irá soar, como será jogada essa ou aquela frase ou *mise-en-scène*. Ainda durante o processo de criação da peça, ele pensa sobre a sua realização no teatro e, por isso, baseia-se em suas regras, nas leis do seu mecanismo interno. Isso não pode deixar de ser refletido no conteúdo, na forma, nas imagens associativas de sua peça.

Shakespeare escreveu especificamente para o seu teatro e para os seus parceiros. Veja com que frequência, nas suas peças, aparecem atores, acontecem ensaios, são apresentados espetáculos, trocam-se papéis, figurinos, alternam-se máscaras, mudam-se os nomes. Quantos paradoxos, confusões teatrais, piadas de bufões há nas suas peças! Quantas imagens teatrais são propostas para a compreensão filosófica do sentido da vida! Você se lembra da frase "O mundo inteiro é um palco", de *Como Gostais*? Em Tchékhov, você também pode ver como as personagens "representam" os seus papéis na vida e como a situação da cena muda teatralmente, como se o cenário no teatro fosse alterado. Seus heróis pensam sobre o teatro e fazem espetáculos. Em certo sentido, o teatro é uma personagem constante em muitas peças suas.

Durante a análise do papel, encontre nele o reflexo da vida teatral. Compare as situações do papel com as situações do teatro: ensaios, espetáculos, relações entre o diretor e os atores etc. Olhe para a sua personagem como um "ator" que faz o seu papel. Olhe para o papel através do prisma do teatro, que você e o dramaturgo conhecem muito bem. Esse território comum aproximará vocês, dará a mesma nacionalidade teatral, o ajudará a compreender a linha de imagens e associações da peça e do papel.

Questão 35:
Onde Está o Centro do Papel?

Quando um músico de jazz adapta uma obra clássica, a primeira coisa que ele faz é deslocar os acentos. Assim, uma obra bem conhecida soa muito diferente. Esse princípio de deslocamento do acento na música chama-se síncope.
  Cada papel, cada cena, até uma frase ou palavra solta, também tem um centro (acento). Ele pode ser determinado pelo significado ou pelo conteúdo, pelo sentimento ou por uma ação. Sem dúvida, é necessário encontrar esse centro e, em geral, fazer isso não dá muito trabalho ao ator. Por exemplo, no segundo ato de *As Três Irmãs* é absolutamente claro que o centro do ato é a discussão filosófica sobre o futuro da humanidade, da qual participam quase todas as personagens principais. Pouco antes dessa cena há um relato curto de Irina sobre uma mulher que estava mandando um telegrama ao filho, mas esqueceu o seu endereço. Aparentemente é um episódio de menor importância, mas ele pode tornar-se o acento deslocado de todo o ato. *A regra em questão propõe, depois de defini-lo, deslocar o centro.* Criar um centro alternativo. Fazer uma síncope, como no jazz. O deslocamento do centro irá desequilibrar o sistema da cena, torná-la desbalanceada e, por isso, mais móvel. Novos acentos irão revelar um conteúdo novo e opô-lo ao antigo. Do deslocamento irá surgir o sistema multipolar do seu papel. Preste atenção nos detalhes menores do papel, nas frases que são as "menos importantes" e tente analisá-las, de tal maneira que elas passem a ter uma influência fundamental sobre todo o papel ou sobre uma das cenas.
  Não tenha medo de se afastar da principal palavra da frase, do principal centro do papel. Não tenha medo de que eles desapareçam – eles já existem sem a sua definição, eles "acontecerão" por si mesmos. Você deve encontrar aquilo que vai intensificar a frase ou o papel pelo surgimento de novos acentos.

Não necessariamente o centro do papel está dentro da peça; muitas vezes ele é levado para fora dos limites desta. O centro do papel pode também estar fora dos limites da existência psicológica e da situação do papel. Seu centro pode situar-se na esfera das ideias, no território da abstração. Nos papéis benfeitos, a posição do centro sempre muda. Ele vagueia o tempo todo e direciona a nossa atenção ora para um ponto ora para outro.

Questão 36:
Quais São as Idades do Papel?

O papel, como tudo o que é vivo, tem a sua idade – infância, adolescência, idade adulta e velhice. Pense nisso quando você construir o seu papel.

No início, você pode dar a ele a chance de bagunçar um pouco, saciá-lo com brincadeiras e jogos, olhar como o papel nasce, como passa a sua infância. É outro tempo-ritmo, são outros sentimentos, outra energia. Deixe que ele erre, mude a rota da sua atenção e da sua simpatia, comece algo e não termine – como uma criança.

Deixe a juventude do papel ser igualmente impetuosa, romântica e entusiasmada, contra tudo e contra todos, egoísta e até cruel, como são todos os adolescentes.

Com o tempo, ele ficará mais sábio e o seu temperamento mudará. Então ele será mais propenso a reflexões, a longos diálogos, a busca de sentido dentro de si mesmo e dos outros. O egoísmo é substituído pela atenção às palavras e às ações dos parceiros. Depois surge a etapa das "pausas", dos "monólogos interiores".

Como exemplo, olhe para o papel de Irina em *As Três Irmãs*. Nele há tudo: infância, adolescência, juventude, idade adulta e velhice. Ou, melhor ainda, pegue e leia o monólogo "O mundo inteiro é um palco", do melancólico Jack da comédia *Como Gostais*, de Shakespeare – lá está escrito tudo.

Questão 37:
O Que Dizem a Vida Física e Emocional do Papel?

Acompanhe todas as ações físicas do papel, do pequeno gesto até um movimento grande. A vida puramente exterior do papel pode, com certeza, fornecer material interessante para a sua compreensão. Mas será incorreto entender a ação física como ilustração do texto do papel. Trata-se de outra história, é uma linha separada e independente da vida do papel, que possui seu início, sua culminação e seu fim, um certo sentido e ritmo, ainda que no papel ocorra um momento em que as linhas da ação física, emocional e verbal coincidam e se complementem. Normalmente, isso acontece nas zonas dos acontecimentos mais importantes, mas mesmo aí essas linhas podem ter direções distintas. Sempre é preciso levar em conta que a partir da plateia o seu papel pode ser *visto, ouvido* e *sentido*. É o mesmo papel, mas seus fluxos são diferentes. São distintos afluentes que carregam um conteúdo, uma energia, atmosfera etc., específicos. É preciso fazer de tal forma que, se um espectador fechar os olhos e apenas ouvir, e outro fechar os ouvidos e apenas ver, depois do espetáculo cada um tenha a impressão de dois papéis diferentes, e se eles se encontrarem, contarão um ao outro duas histórias diferentes.

    Com grande frequência o ator, no seu primeiro contato com o papel, antes de mais nada, presta atenção nas reações da personagem, descritas pelo dramaturgo no texto das palavras ou nas didascálias, fazendo juízos de valor sobre um determinado acontecimento, as assim chamadas "valorações". Mesmo que elas não sejam descritas, o ator imagina as suas reações emocionais neste ou naquele momento do papel. Depois de juntar uma determinada quantidade delas, ele começa a trabalhar para realizá-las. A superficialidade desse trabalho é evidente – ele leva imediatamente a clichês e reações mortas e fixas, que logo nos primeiros passos matam uma leitura viva do papel. *Eu recomendo desde o início do trabalho sobre o papel eliminar a pergunta "como?" e colocar em dúvida a "valoração" enquanto tal.*

Imagine que as valorações não existam – é você quem terá de estabelecê-las. Existem acontecimentos, fatos, mas não existem valorações, sobretudo nos lugares onde elas insistem em aparecer, lá, onde são mais esperadas.

A boa dramaturgia quase não propõe valorações e reações ao ator, mas sim que ele decida por si mesmo o que é importante e o que não é. Da mesma forma, o ator dá ao espectador a possibilidade de decidir sozinho o que acontecerá depois deste ou daquele fato – uma valoração ou a sua ausência. Muitas vezes a valoração ocorre não ali, onde foi descrita ou é esperada nas palavras do papel. Ela pode acontecer num outro lugar, onde é muito difícil de ser encontrada no texto, ou até estar de todo ausente.

No processo de análise, deve ser pesquisada não apenas a vida das palavras do papel, mas também a sua vida física e emocional. Aí então, depois de feita a análise em distintas camadas da vida do papel, é possível ocupar-se com a escala de valores, a qualidade e o lugar das valorações. Nesse período, vale a pena ouvir também as sugestões do dramaturgo. Depois de dividir a análise do papel nessas três linhas, tente desenhá-las num esquema único, como gráfico de três movimentos.

Questão 38:
Quais São os Nomes da Personagem?

O conteúdo, a energia, o caráter e a direção do movimento do papel irão mudar, se durante a análise você mudar o "nome" da personagem. De fato, cada pessoa, cada personagem carrega não apenas um nome, mas vários: pai, marido, amante, patrão, amigo, testemunha etc. É importante dar a ela o nome correto. É preciso definir sob qual nome a sua personagem atua neste momento e analisá-la de acordo com esse nome, com as leis que lhe correspondem. Você verá que tudo o que é justo, correto ou bom para um nome, será absolutamente o contrário quando o nome mudar. Na cena cinco, de *Macbeth*, o encontro de Macbeth e Lady Macbeth é uma cena entre "soldado e sua esposa", "assassino e mãe", "apaixonado e sua amada", "dois conspiradores". Em função disso, muda a lógica do seu comportamento, o andamento dos seus pensamentos e sentimentos, ou seja, muda a análise. Mesmo dentro de uma única cena, o papel pode mudar o seu nome, o seu rosto, a sua máscara. Claro que essas mudanças geram uma energia suplementar e podem contribuir para o surgimento do sentido principal, para a elucidação da ideia principal.

Questão 39:
Uma Questão de Humor

O papel, como uma obra de arte verdadeira, sempre possui humor, uma leve ironia. O humor é uma qualidade das pessoas inteligentes, instruídas e talentosas. As pessoas sem talento em geral também não têm senso de humor. No entanto, eu noto que o ator – uma pessoa que lida de forma leve e bem-humorada com as dificuldades e as peripécias do cotidiano – ao analisar um papel torna-se de repente muito sério. O seu humor desaparece sem deixar rastros. Ele prefere criar do nada uma tragédia, dramatizar os acontecimentos do papel a rir deles. Parece-lhe que assim o papel terá maior peso, maior importância. E o mais difícil para o ator é rir de si mesmo. Provavelmente, ele esquece que a autoironia é um sinal de saúde do seu "Eu" interior. Se o ator não possui uma avaliação irônica de si mesmo, em termos artísticos ele não está bem.

A fantasia do ator funciona bem quando ele inventa como a sua personagem escorregou numa casca de banana ou caiu de cara no bolo da vovó. Mas isso ainda não é o humor do papel. O ator que almeja tornar o seu papel engraçado, muitas vezes cai numa bobagem calculada para obter o riso de um público pouco exigente. Trata-se de humor quando algo é engraçado para o próprio ator; não para os outros, mas para si mesmo. O humor, antes de tudo, não deve ser "exterior", e sim "interior", baseado no jogo de ideias, de significados, de emoções. Isso não é simples. Olhar com humor para todos os acontecimentos do papel, do insignificante até o principal, não é nada fácil para o ator. Mas é necessário porque o humor verdadeiramente fino é sinal de confiança do ator no papel e sem isso não se pode trabalhar.

O humor é um instrumento de análise importantíssimo: ele ativa o pensamento do ator, levando-o a analisar um mesmo problema dos mais diferentes pontos de vista. É um trabalho à distância sobre o papel. O humor tem a função de distanciar o problema, a situação, a personalidade, mostrá-los de uma forma inabitual, destruir, de forma consequente e fundamental, o estereótipo de percepção e levar o ator a um olhar novo, fora do padrão. Graças à presença do humor na análise, desaparece a lógica linear do papel. Tudo "se desloca". Nada se corresponde: a personagem não corresponde à situação, o caráter à ação, o objetivo aos meios, o cotidiano à existência interior, os pensamentos às ações e assim por diante. É uma violação consciente das formas e proporções da vida, um deslocamento inesperado do sério, até do trágico, para a esfera do cômico. Muitas vezes, o humor do papel não se submete à direção e atuação realista tradicional. Nisso está o segredo de muitos insucessos das encenações de Tchékhov. Aprenda o humor com Tchékhov: você se lembra de *A Gaivota*? É uma comédia em quatro atos. O que mais é necessário? Aí está um olhar sério com humor e ironia do autor sobre a peça.

O humor é, na verdade, a coisa mais séria do mundo.

Questão 40:
Em Que Consiste a Beleza do Papel?

A verdadeira arte começa com o belo. Sempre que analisa o papel ou a peça, você resolve dezenas de questões, encontra uma centena de novos detalhes importantes, descobre qualidades e possibilidades ocultas da obra. Mas se definirmos numa palavra todas as buscas, você está procurando uma coisa – a beleza da obra. Mesmo que isso aconteça inconscientemente, você só almeja perceber o Belo. O autor da peça, como todo artista, pensou em como criar a beleza – nisso está a vocação superior da arte. Para ser tomado pelo papel, o ator precisa sentir essa beleza. O papel criado deve ser um objeto de arte, ou seja, também deve ter uma beleza verdadeira. Senão, o ator não é um artista e o papel não é arte. E Deus o livre de ocupar-se com a beleza exterior.

Qual é a diferença entre a "beleza" e a "beleza exterior"? A "beleza exterior" é para os outros; "beleza" é para si mesmo. "Beleza exterior" é apenas para hoje e a "beleza" é para sempre. A verdadeira beleza está sempre oculta e não vem ao mundo ao primeiro chamado, enquanto a "beleza exterior" não se cansa de mostrar.

Aqueles que são capazes de perceber o belo e compreender o seu sentido essencial serão capazes de descobrir a ideia principal do papel – a sua principal fonte de energia – e poderão dominá-lo. Porque a Beleza, como disse Oscar Wilde, em *O Retrato de Dorian Gray*, é

um dos maiores fenômenos do mundo que nos cerca, como a luz do sol, ou a primavera, ou o reflexo em águas escuras daquele disco prateado que chamamos de lua. A beleza é incontestável. Ela é soberana por direito divino. Ela torna príncipes aqueles que a possuem.

É precisamente o pressentimento do encontro com a Beleza que dá a toda a análise uma energia artística, estética, que impele você a descobrir o que está oculto, a encontrar o mais recôndito. A análise deve ser bela e provocar no ator o sentido da beleza do material. Tenho certeza de que precisamente esse sentido é o mais forte e poderoso gerador de energia de cada artista.

Analise as peças de Shakespeare, Tchékhov, Beckett, qualquer boa literatura, e você irá perceber que está descobrindo a Beleza. Ninguém vai lhe dizer isso. Você mesmo – com o seu sentido artístico – irá perceber. Ao sentir isso pelo menos uma vez, você compreenderá que não se pode amar um papel, não se pode interpretá-lo se ele não lhe parece belo.

Epílogo
ALGUNS CONSELHOS
E CONSIDERAÇÕES SOBRE O MÉTODO

Em primeiro lugar, a mim, como pedagogo, parece importante repetir alguns pensamentos do que foi dito acima, fazer um resumo de tudo. Em segundo lugar, no final do trabalho sempre fica a impressão que algo ainda deve ser escrito, acrescentado. É um trabalho infinito. Eu diria infinitamente difícil e infinitamente interessante. Então...

Um papel, como uma autêntica obra de arte, sempre possui quatro qualidades: Inteireza, Forma, Leveza e Beleza.

Inteireza significa que todos os componentes estão em harmonia e ao mesmo tempo que existem separadamente. Ou melhor, podem existir separadamente, mas foram reunidos num todo. Para o ator, a inteireza é sempre uma perspectiva clara de todo o espetáculo, de todas as suas cenas, ele deve ver o início e o fim do papel.

A *Forma* do papel sempre exige exatidão, precisão e clareza. Não é uma substância morta, e sim viva, móvel, mutável e, por causa do seu movimento, ela revela o conteúdo da obra.

Leveza sempre significa humor, leve ironia. É um certo distanciamento, um trabalho com o papel à distância. A leveza não é fácil para o ator; ela exige uma grande coragem, e até audácia.

Falei sobre a *Beleza* na Questão 40. Definir e desenvolver a sua própria relação com o conceito de Beleza, como categoria estética, me parece ser uma das principais tarefas de qualquer artista.

Ao analisar uma cena ou um papel, não siga o caminho simples, superficial. Complexifique a análise, densifique-a, faça centenas de questões a si mesmo e à personagem, mude o ponto de vista, a linha e o tipo de análise para se afastar de um resultado simplista.

Busque a essência artística do papel, e não a costumeira; sua forma de expressão artística, não a cotidiana.

Faça uma análise não linear, mas sim em volume; não lógica, mas sim paradoxal; contraditória, e não concreta; clara, mas não insistente.

A análise deve provocar em você sentimentos e pensamentos contraditórios, fazê-los colidir numa contraposição insolúvel e assim produzir energia. Isso pode ser atingido se o papel for olhado de diferentes perspectivas quanto a seu significado, a seus acontecimentos, a sua estrutura, sua posição filosófica, sua composição... Ou seja, todas as regras descritas acima e talvez outras mais.

A análise deve ser elevada a tal nível de complexidade, multipolaridade, multilinearidade que chegue o momento em que a lógica do ator, acostumada e preparada a solucionar tarefas com significado único, se recuse a fazê-lo. Então, a vida do ator em cena irá mudar radicalmente – todo o seu aparato de atuação, o seu faro artístico, o seu desejo instintivo de harmonia começarão a explicar e juntar aquilo que é inexplicável e impossível de se juntar pela lógica linear. Quando a análise torna-se um processo de total carregamento interior do ator e é direcionada sobretudo ao seu instinto artístico, o ator deixa de executar planos pensados e preparados de antemão e começa a buscar por si mesmo, confiando livremente na sua intuição criativa. O ator deve decidir por si mesmo o que necessita ser fixado e o que não, quando se pode confiar na intuição e quando não.

O movimento do ator ao longo do papel acontece tanto através do conhecimento, como através do intelecto, do sentimento e do instinto. Isso é sempre um equilíbrio e só o ator é capaz de mantê-lo. Quanto mais confiança em si mesmo ele tem, melhor.

Ordem e caos, precisão e liberdade devem sempre estar num certo equilíbrio.

Se durante a análise você perceber um obstáculo, não pare, siga em frente sem perder tempo com ele, depois ele será solucionado, mais adiante estará a resposta – talvez no processo de preparação, talvez já durante a atuação.

É impossível terminar a análise. É impossível dizer a si mesmo: "Agora eu sei tudo sobre o papel!".

A análise apenas desmonta o papel, que é montado em cena. Assim, durante a "montagem" o papel também é analisado. E depois da cena com certeza será necessário mudar muito daquilo que já estava "certo". Ou talvez até começar tudo do início. Ou seja, é um trabalho infinito.

Não é necessário analisar tudo no papel. Quando o ator vai para a cena sem saber alguma coisa, a energia da busca começa a funcionar, a fantasia se inflama, o sentido autoral é ativado. Na minha prática, houve casos em que, ao trabalhar com os atores sobre o espetáculo, deixava conscientemente de analisar uma das cenas, buscando o estado de improvisação e soluções espontâneas. Os atores ficam nervosos com o desconhecido, mas no final jogavam essa cena de forma muito mais sutil e viva que aquelas cuja análise tinha levado semanas.

Todos os sistemas, métodos teatrais, incluídas as regras de análise citadas acima, têm sentido apenas se o ator tratá-las de maneira criativa e não como dogmas. Apesar da simpatia e afeição por aquilo que acabou de ser encontrado e descoberto no papel com o uso de uma determinada regra, é preciso mudar tudo e começar a trabalhar com outra regra, descobrindo outras coisas. Nessa inconstância, está o caminho em direção ao infinito, caminho que se abrirá diante de você como resultado dessa análise complexa. O sistema teatral do papel aparecerá então como um imenso quadro aberto, sem limites, sem concepções artísticas e direções ideológicas determinadas, um quadro que abre um mundo para além dele mesmo. Um mundo sem ideias pré-concebidas, sem dogmatismo nem hierarquia, como o de Borges ou Miró. À primeira vista, ele pode parecer inarticulado e caótico, o seu significado e objetivo não estarão sujeitos a uma ideia visível, a uma composição clara, a uma estrutura exata, a uma série de acontecimentos – ou seja, a tudo aquilo que você descobriu, mas é justo isso que tornará o mundo do seu papel de uma beleza extraordinária.

TEATRO NA DEBATES

O Sentido e a Máscara
Gerd A. Bornheim (D008)

A Tragédia Grega
Albin Lesky (D032)

Maiakóvski e o Teatro de Vanguarda
Angelo M. Ripellino (D042)

O Teatro e sua Realidade
Bernard Dort (D127)

Semiologia do Teatro
J. Guinsburg, J. T. Coelho Netto e Reni C. Cardoso (orgs.) (D138)

Teatro Moderno
Anatol Rosenfeld (D153)

O Teatro Ontem e Hoje
Célia Berrettini (D166)

Oficina: Do Teatro ao Te-Ato
Armando S. da Silva (D175)

O Mito e o Herói no Moderno Teatro Brasileiro
Anatol Rosenfeld (D179)

Natureza e Sentido da Improvisação Teatral
Sandra Chacra (D183)

Jogos Teatrais
Ingrid D. Koudela (D189)

Stanislávski e o Teatro de Arte de Moscou
J. Guinsburg (D192)

O Teatro Épico
Anatol Rosenfeld (D193)

Exercício Findo
Décio de Almeida Prado (D199)

O Teatro Brasileiro Moderno
Décio de Almeida Prado (D211)

Qorpo-Santo: Surrealismo ou Absurdo?
Eudinyr Fraga (D212)

Performance como Linguagem
Renato Cohen (D219)

Grupo Macunaíma: Carnavalização e Mito
David George (D230)

Bunraku: Um Teatro de Bonecos
Sakae M. Giroux e Tae Suzuki (D241)

No Reino da Desigualdade
Maria Lúcia de Souza B. Pupo (D244)

A Arte do Ator
Richard Boleslavski (D246)

Um Vôo Brechtiano
Ingrid D. Koudela (D248)

Prismas do Teatro
Anatol Rosenfeld (D256)

Teatro de Anchieta a Alencar
Décio de Almeida Prado (D261)

A Cena em Sombras
Leda Maria Martins (D267)

Texto e Jogo
Ingrid D. Koudela (D271)

O Drama Romântico Brasileiro
Décio de Almeida Prado (D273)

Para Trás e Para Frente
David Ball (D278)

Brecht na Pós-Modernidade
Ingrid D. Koudela (D281)

O Teatro É Necessário?
Denis Guénoun (D298)

O Teatro do Corpo Manifesto: Teatro Físico
Lúcia Romano (D301)

O Melodrama
Jean-Marie Thomasseau (D303)

Teatro com Meninos e Meninas de Rua
Marcia Pompeo Nogueira (D312)

O Pós-Dramático: Um Conceito Operativo?
J. Guinsburg e Sílvia Fernandes (orgs.) (D314)

Contar Histórias com o Jogo Teatral
Alessandra A. de Faria (D323)

Brecht e o Teatro Épico
Anatol Rosenfeld (D326)

Teatro no Brasil
Ruggero Jacobbi (D327)

40 Questões Para um Papel
Jurij Alschitz (D328)

Teatro Brasileiro: Ideias de uma História
J. Guinsburg e Rosangela Patriota (D329)

Este livro foi impresso na cidade de Cotia,
nas oficinas da Meta Brasil,
para a Editora Perspectiva.